韩鹏杰说：这才是江湖

韩鹏杰 著

浙江人民出版社

图书在版编目（CIP）数据

韩鹏杰说：这才是江湖 / 韩鹏杰著. — 杭州：浙江人民出版社，2022.7

ISBN 978-7-213-10502-9

Ⅰ. ①韩…　Ⅱ. ①韩…　Ⅲ. ①社会生活—历史—中国—古代—通俗读物　Ⅳ. ①D691.9-49

中国版本图书馆CIP数据核字（2022）第028195号

韩鹏杰说：这才是江湖

韩鹏杰　著

出版发行	浙江人民出版社（杭州市体育场路 347 号　邮编　310006）
	市场部电话：（0571）85061682　85176516
责任编辑	徐　婷
责任校对	王欢燕
封面设计	VIOLET
电脑制版	刘龄蔓
印　　刷	三河市中晟雅豪印务有限公司
开　　本	880 毫米 ×1230 毫米　1/32
印　　张	7.75
字　　数	148 千字
版　　次	2022 年 7 月第 1 版
印　　次	2022 年 7 月第 1 次印刷
书　　号	ISBN 978-7-213-10502-9
定　　价	48.00 元

如发现印装质量问题，影响阅读，请与市场部联系调换。

质量投诉电话：010-82069336

自序

为什么要讲江湖？因为江湖文化是整个中国文化的一个侧面。

在中国文化中，若言一事影响普遍，往往用“上至朝廷，下至江湖”的说法，直到现在，依然有“人在江湖”“江湖险恶”“江湖恩仇”“笑傲江湖”等各类常用词语，这引起了我对江湖文化莫大的兴趣。在翻阅史料时发现，江湖真的是蛮久蛮大的时空，各类人物或隐逸于江湖，或闯荡于江湖，或混迹于江湖，或扬名立万于江湖……江湖的故事，真可谓五光十色、五花八门，也可说是风大浪急，泥沙俱下。

学术研究的旺盛生命在于和现实的结合。

在研究中我们发现，和现实联系最密切的就是江湖文化的负面，也就是江湖中林林总总的骗术。不夸张地说，现在的很多骗术不过是古代江湖骗术的变种，本质上并无不同。

比如，近来频频出现的用假活佛骗财骗色的事，和历史上许多装神弄鬼扮佛的“巾门”骗术如出一辙；以色诱人的种种伎俩，则与江湖中的“妖门”骗术一脉相承；还有社会上频繁发生的装神弄鬼术、掷包术、淘沙术、兑买术、放鸽术等，不一而足。

笔者在高校日久，亲见身边许多涉世未深的年轻学生常为一些并不高明的江湖骗术所骗，常想怎样才能以最合适的方式让人们，特别是青少年学生也能有一些“江湖阅历”，也能有防骗的意识和经验，于是，有了写这样一本书的念头并付诸笔端。

读史使人明智，读江湖史使人清醒。了解古代江湖，特别是五花八门的江湖骗术，可以帮助我们以史为鉴，特别是面对骗术时有一双火眼金睛：金猴奋起千钧棒，玉宇澄清万里埃，让江湖骗子无所遁形，让昔日泥沙俱下的江湖成为今日清澈的“江湖”。

江湖骗术更是沉重的存在，但本书的写法则是融学术研究于社会生活之中，用生活化的语言和丰富的事例，来讲述江湖上曾经发生的那些事，目的非常明确且单纯：让读者在轻松的阅读中了解点江湖文化，增长点防身的本事，练就一双慧眼，再遇到江湖骗子和江湖骗术时，能看得清清楚楚、明明白白、真真切切！

目录

第一章

什么是江湖

江湖！江湖！

说起“江湖”，可谓林林总总、五彩纷呈！先说说人们对江湖各种各样的看法吧。

有人说，江湖就是广阔天地。天高地广，江河湖海，可以海阔凭鱼跃，天高任鸟飞。

有人说，江湖其实就是指民间社会。比如，宋朝罗大经的逸事小说《鹤林玉露》卷九中说：“今江湖间俗语，谓钱之薄恶者曰‘慳钱’。”这里所谓的江湖俗语，其实就是指民间语言。

有人说，江湖就是与庙堂，也就是与朝廷相对而言的，所以又有了江湖就是高人隐士不甘于受朝廷指挥控制，不肯受约于仕途，以山水园林为逍遥的适性之所。所以江湖是闲适的，有鲈鱼、莼菜，有秦菊、商芝，可以小舟从此去，江湖寄余生。所谓无官一身轻，所谓“从此一别两宽，各生欢喜”，所谓相忘于江湖是也。

有人说，江湖是聚散无常的代名词。是啊，上文所说的

“一别两宽”，其实也是一种无奈。所谓“聚散匆匆，云边孤雁，水上浮萍”，江湖上的聚聚散散“教人怎不伤情”？正如杜甫诗中所说：“舟楫眇然自此去，江湖远适无前期。”所谓江湖，就是这样聚散无常的在在处处[1]。

有人说，江湖是险恶的。江湖要闯、要混，混江湖意指“混黑道”；“江湖险恶”，也意指其为是非纷扰之地，所谓“一入江湖岁月催”，所谓“剑未佩妥，出门已是江湖”，所谓“江湖险恶，不行就撤”。所以有人说江湖是无情的、无奈的，“江湖恩仇人间怨，干戈玉帛总无缘”。

也有人说，江湖还是有情的。江湖有朋友，有江河湖海隔不断的友情。宋代诗人黄庭坚有诗云：“我居北海君南海，寄雁传书谢不能。桃李春风一杯酒，江湖夜雨十年灯。”

把宦海浮沉比作江湖的黄庭坚，隔着大半个中国对老友发出深情呼喊：我的老朋友黄几复啊，我在北国的海边，想托大雁给你带封信，可大雁都拒绝了。想起当年春风下，我们品着美酒欣赏桃李，然后江湖浮沉里一别十年，只有在夜雨的孤灯下深深想你。你看，这“桃李春风”般的往事，那“江湖夜雨”里的奔波，青葱岁月里的“一杯酒”，沧桑往事间的“十年灯”，必然会令不同时代的读者们，瞬间有身在江湖的感同身受。

有人说，人间有一种情感叫江湖义气。“有福同享，有

1. 佛教术语，各处各方的意思。

难共当”是基本的原则，江湖义气的核心是“兄弟”。这里的“兄弟”并不是指有血缘的那种，而是指那些志趣相投的朋友。

有人说，有一种情感叫江湖道义，是说人在江湖上应该讲的仁义与规矩。人在江湖上行走必须中规中矩，不能心生邪念，这就是江湖的规矩，就是在江湖上也要坚守重情重义的原则。

有人说，江湖是美丽的，可以留下一抹剪影，可以像风一样潇洒；江湖又是可以快意恩仇的，它在《史记·刺客列传》里，在李白的《侠客行》中，在《水浒传》中，在民间流行的《响马传》中，在《三侠五义》中。所以有人说，江湖就是绿林好汉纵横之地。正因为如此，江湖也被近代武侠小说引为豪杰侠客所闯荡的社会。

所以，有一种江湖叫武侠江湖，古龙的“人在江湖，身不由己”，更成为惊世之言。至此，“江湖”的称谓为更多的人所接受，又扩展出更深、更广的内涵。最终，还是由古龙先生为“江湖”的称谓做了总结：有人的地方，就是江湖。可以说，古龙、金庸、梁羽生武侠小说中的江湖，其实只是一个小型社会。在这个社会里，人们不必担心衣、食、住、行，不必担心法律制裁，可以说是一个完全以实力说话的世界。江湖可以脱去恶人身上的枷锁，也可以解放正义之士思想的束缚，使之可以快意恩仇，可以以暴制暴。在这个情境之下，反面角色虽多，但侠义之士出现的概率也要远大于现实社会。

所以，这种“江湖”，只存在于文学作品之中，只是一种想象中的江湖。

当然，“江湖”在现代社会中依然和我们的生活有密切的关联。比如，有人说，有人的地方就有江湖，而有江湖的地方就有江湖菜。这正是这种影响的幽默表达。所谓“江湖菜”，指的是相对于正宗菜而言的菜式。这江湖菜植根于民间，具有浓厚的乡土气息，它最早出现于大排档、小酒家，因其在烹饪形式上不拘小节和味道鲜美等特点而风靡大江南北，彰显的就是好友齐聚大块吃肉、大口喝酒有江湖风格的豪迈场景了。

江湖啊江湖！总之，有人的地方就有江湖，所以即便是现代社会，江湖也不会绝迹，所谓“江湖就是人情世故”。自然，有江湖的地方就有江湖骗子和骗术。所以有人说，江湖是指掌握了一种技能或者骗术，在很多地方都可以用它来获取经济利益的一种社会生存形态。有骗子骗术就要有防范意识，就要有人了解江湖，揭穿江湖骗子的骗术。

列举了这么多对江湖的说法，笔者想说，这江中湖里，也是泥沙俱下、光怪陆离、五花八门，我们有必要再捋一下江湖的含义。

每个时代，都有不同的江湖

要真正了解“江湖”的含义，还得对江湖追根溯源，以及了解“江湖”一词的嬗变历程。

“江湖”这个词，如果追溯起源，应该是春秋战国时期道家发明的。庄子是道家的代表人物，在道教里被尊为“南华真人”，他的著作被尊为《南华真经》。在《庄子·大宗师》中，有这样一段话：“泉涸，鱼相与处于陆，相呴以湿，相濡以沫，不若相忘于江湖。”这段话的意思是：这泉水枯竭，泉下之鱼无处可逃，相互哈着水汽，把嘴里的沫子吐在对方腮上，与其这样，不如相忘，逍遥于江湖。可见，在道家的文化中，江湖是一个远离尘嚣的自由之所在，是“天下有道”的世界，是大家互不相干、平静生活的地方。

这个意思一直延续到汉代。在《汉书·货殖传》中，这样说范蠡：“乃乘扁舟，浮江湖，变姓名，适齐为鸱夷子皮，之陶为朱公。”这段话的意思是，他乘着一叶扁舟，漂泊江湖，改名换姓，到齐国叫鸱夷子皮，到陶邑叫陶朱公。离开越王勾践的范蠡好一副自由自在的潇洒样子。范蠡也是比较早的道家人物，可以说，司马迁对范蠡形象的描述已充盈着隐士的气质。

所以，江湖在中国文化中，特别是在一些文人政客那里，是退出官场的归隐之处。这里的“江湖”，代表的是一块与世无争的净土。

宋代大诗人东坡居士有词一首，其中有“长恨此身非吾有，何时忘却营营……小舟从此逝，江海寄余生”；与苏东坡同时代的王安石，仕途不得志时，也有“超然遂有江湖意，满纸为我书穷愁”的江湖之思。

到了清代，任山东提督学政的阮元，有著名的《小沧浪笔谈》，充满深情地概述济南大明湖风景的盛况：“鱼鸟沉浮，水木明瑟，白莲弥望，青山向人。”这样美丽的地方，怎不使人“渺然有江湖之思”呢！

再有近代作家、诗人、翻译家苏曼殊的《天涯红泪记》第一章：“读吾书者思之：夫人遭逢世变，岂无江湖山薮之思？”上述的江湖之思，是中国文化中的“归隐”“退隐”之思，犹如“鲈鱼莼菜”之思，充满诗情画意。

这些人虽然不是真正的江湖人物，但三教中人和一些隐士却是属于江湖中的人物。这是因为，三教中的许多人物本身就是不工不农不商不仕的游民，许多隐士本来就是骗子，入了江湖便是名副其实的江湖骗子了，用隐士的身份骗取功名利禄是中国历史上一种特异的现象。

江湖在历史上还有一个意思，也和隐士高人所居之处密切相关。在唐代时，居江西的马祖道一禅师（709—788）和居湖南的石头希迁禅师（700—790），是当时佛教界的领军人物。世间众生和文人墨客行走于湖南和江西之间求学问禅，即走“江湖”，“江湖”代指住在江西和湖南的两位佛学高人。

“江湖”的本义是指广阔的江河、湖泊，后衍生出“天下”的意思，与河流、湖泊就没有什么太大的关系了。比如，在《汉书·王莽传下》中，“太傅牺叔士孙喜清洁江湖之盗贼”，这里“江湖之盗贼”指全国各地、四面八方的造反之人。

还有，三国时期，在曹操的《述志令》中，有“江湖未静，不可让位；至于邑土，可得而辞”。这里的江湖就是指天下。曹操的意思是：天下尚未安定统一，我还不能辞去现在的职位。至于给我的封地，我曹操可以不要。

再有，苏东坡的弟弟苏辙也有“流落江湖东复西，归来未洗足间泥”的诗句，其中的“江湖”也是天下的意思。

古时，“江湖”指远离朝廷的地方。比如，范仲淹在《岳阳楼记》中写道：“居庙堂之高则忧其民，处江湖之远则忧其君。”这里提到的江湖，就是远离皇帝，远离朝廷的地方，泛指古时不接受当权控制指挥和法律约束，可以率性所为的社会环境。

江湖还有一个意思，是指旅途。人在旅途，也可以说是暂时行走江湖。一来中国人素来以家为重，离家便是离开了安全岛；二来旅途艰难，且古时交通不便，行船走水路，倒也常是人在江湖；而且无论水路、陆路，旅舍一概称投宿的客人为“江湖之人”。

凌濛初的《初刻拍案惊奇》卷二十二《钱多时白丁横带，运退时刺史当艄》有一段商人说的话：“只因京都多事，脱身不得，亦且挈了重资，江湖上难走。”这里的“江湖上难走”，便是指行旅艰难，而在旅途上又多有游走骗人的“江湖”骗子。江湖还有一个特殊的意义，是指落魄之人。唐代诗人杜牧有诗：“落魄江湖载酒行，楚腰纤细掌中轻。十年一觉扬州梦，赢得青楼薄幸名。”看来，这杜牧就是个江湖上的轻薄浪子，他的江湖就是和官场相对的秦楼楚馆，落魄十年就是十年官场失意，混迹江湖十年。但并不是所有官场失意的人都是如此。

旧时，“江湖”也多指四方流浪，靠卖艺、卖药、占卜等谋生者，亦指他们从事的行业。

《二十年目睹之怪现状》第三十一回中有：“昨听江湖施伪术，今看骨肉出新闻。”现代著名作家老舍《茶馆》第一幕：“用不着相面，咱们既在江湖内，都是苦命人！”

江水湖水，皆是以流动为特征，而且经常多水聚而成溪，多溪聚而成江，多江汇而成湖。

江湖人物，也是忽聚忽散，行踪漂泊不定。像闯荡江湖又被称为“跑江湖”“跑滩”“下海”，都体现了这种流动的特色。江湖不是一个地域概念，而是由江湖人物活动所形成的一种“人文景观”，而江湖人物就是一些东飘西荡的人。

江中湖里，泥沙俱下，鱼龙混杂，水面常是风波险恶，水下更是弱肉强食（大鱼吃小鱼，小鱼吃虾米）。江湖中人三教九流，有利用各种技艺，游走四方谋生的人；有熟谙各种骗术，招摇撞骗的人；有匿身江湖，以逃避仇家追杀的人。像战国时大将伍子胥，为了逃避仇人的追杀，化装为乞丐，“吹箫乞食”；唐太子李旦，为了躲过武则天对李姓皇族的追杀，也匿身于江湖之中，在乞丐群里度过许多时日；还有许多人“亡命江湖”，他们有重案在身，隐身江湖以逃避官府缉拿，有时甚至占山为王，以武力相抗，也有的以武力劫骗。

“人为”的江湖最为险恶，刀光剑影，血雨腥风，杀人越货，敲诈欺骗。崇山峻岭，茂林幽谷，凡是江湖人物出没的地方，也都被“水”漫成了江湖。

也因此，“江湖”一词慢慢地演变成较为负面或特定的用语。如“混江湖”，意指混黑道；“老江湖”，喻见多识广之负面人物；“江湖险恶”，指是非纷扰之地等。而那句大家耳熟能详的“人在江湖，身不由己”，意指人处在特定环境中，因顾及周围人事的压力，常做出非出于己愿的事。

在河南、湖南、湖北等地，自古以来都以江湖作为帮会的名称，江西、安徽等地称帮会为“洪江”，这也可以说是江湖的别称。有句江湖中的黑话——“乱道江湖”，就是指泄露帮会中的秘密。由此可知，江湖还有一个含义就是“帮会”。像宋代的“没命社”与“亡命社”，清代的丐帮、漕帮、八卦教、哥老会、天地会等各类会党，都是江湖组织。所以，加入帮会，也就是“人在江湖”了。有句江湖行话叫“金盆洗手”，就是指退出帮会纷争，洗心革面，重做“良民”。

总之，江湖不是一个地域概念，而是一种社会现象。既然是社会现象，自然就会随着社会的发展而改变含义，江湖人物的性质也是逐渐变化的。封建社会的一些江湖人物，像侠客、游医，甚至绿林豪客，都有其存在的合理原因。许多合理存在的人群（如封建社会被迫行乞的乞丐），甚至起过积极进步作用的组织（如一些组织群众反抗封建统治的秘密帮会），其性质都发生了变化。

在现代中国，江湖这个概念不复本来的意义和价值，许多江湖行当成了阻碍社会进步的因素，特别是许多江湖骗术，如果不加揭露和根除，社会就不得安宁。

随着社会的进步和人们认识水平的提高，江湖骗子和江湖骗术必将成为历史，曾经被他们污染了的“江湖”终会成为一湖净水。

五花八门的古代职业

三教九流、五花八门

中国古代社会，有众多的职业、行当。历来就有三教九流、五花八门等说法。

三教，在《北史·周本纪》中是指儒、道、佛三教，还有一种说法是指包括儒、道、佛在内的多种教派，因为“三”“九”在古代中国文化中泛指“很多”。

九流，在汉人班固的《汉书·艺文志》中指儒家、道家、阴阳家、法家、名家、墨家、纵横家、杂家、农家者流，这些都是形成于春秋战国时的思想流派。在以后的历史演化中，原有的流派分化，又有许多新的流派形成。流，又有“品”、等级之意。关于等级的明确规定是从元代开始的，元代的社会结构中各阶层的地位是：一官，二吏，三僧，四道，五医，六工，七匠，八娼，九儒，十丐。[1]

---

1. 张晋藩:《中国古代法律制度》，中国广播电视出版社 1992 年版，第 591 页。

这三教九流中都有许多江湖人物。可以说，跑江湖的是文武雅俗、医卜星相、摆摊卖唱、僧道医丐、隐士仙童，各色人物都有。

五花八门，原指五行阵和八门阵，是古代战场的两种阵势，后来成为形容变幻莫测、花样繁多的一个成语。但是，江湖上的五花八门，除了花样繁多之外，又有具体含义。据近人连阔如《江湖丛谈》记载，明清以来江湖上比较通用的“五花”如下。

金菊花：指卖茶的女人（金菊花也是一种茶）。

木棉花：治病的郎中。

水仙花：酒楼的歌女，即卖唱的。

火棘花：玩杂耍的（属于八门中李门）。

土生花：挑夫，是脚行的一种。

像江湖上的许多提法一样，五花也只是约定俗成，并无准确的来源，许多提法无法给以明确解释。特别是流行在江湖上的一些行话、隐语、黑话，更是如此。

八门的提法有多种。

在众多的提法中，比较全面的是清代汪康年在《汪穰卿笔记》中的概括，他将三教九流、五行八作、五花八门中的江湖行当概括为八种。

走江湖者有八种，系九经、十八皮、四李、三瓜、七风、八火、五除、六妖。

也就是说，八门是经、皮、李、瓜、风、火、除、妖八种。而且，每一门类之中又有许多种类。

九经，就是说经有九种。十八皮，就是说皮有十八种。以下类推。

下面我们来对各门分别做介绍。

一、经门（巾门）

经，本义是经典，是指作为思想行动标准的书，引申为“文字”，所以动笔谋食的江湖人士皆被称为“经门”。

经门也有另外一个称呼，即“巾门”，这是因为经门人士的装束大都是头戴儒巾、葛巾等，表示自己原是儒门或道门中人。还有一个原因，是这类以动笔、算命、看相、卖字等谋食江湖的人士，都需一布幔招牌，或以手举着招摇过市，招揽生意，或坐地摆摊将布幔招牌挂旁边。布幔在古代又称“巾”，小说《三国演义》第九回就有“手执长竿，上缚布一丈”的相关情节。所以经门又称“巾门”。

需要强调的是，在民间和江湖上，巾门主要是指算命、看相、测字类的人物，他们谋食江湖的方法是利用宗教迷信及神秘的方术，所以这类巾门人士在明、清以前又被称为方士。像汪康年所说的算命、看相、六壬（一种运用阴阳五行来占卜吉凶的占卜方法）、文王卦（一种用铜钱占卜、按六十四卦解释吉凶的占卜方法）、起课测字等，都是有着悠久历史的方术。

除此之外，还有占星、堪舆（看风水）等术数和降神、扶乩、符咒、祭祀、禳除等法术，每种术数、法术都曾被江湖术士当作谋生、行骗的手段。所以巾门中的人士，有相士、测字先生、卦师（算命先生）、风水先生、法师、扶乩士、占星士，等等。

进言之，每一种类又有许多不同的活动方式，仅从巾门中最主要的算命、相面、测字来说，明清以来，江湖秘籍就有清初“天地会”的《海底》、青帮的《通草》等；宋、明、清流行的江湖要籍，如《六院汇选的江湖术语》《新刻江湖切要》《江湖问答》等，都记载了巾门在江湖上的切口和活动轨迹，可见其在江湖影响之盛。

二、皮门

皮门是指跑江湖行医卖药的，是江湖行当的又一大类。在古代中国，他们多以摇铃来表明身份，招揽生意，所以他们又被称为“铃医”。清朝满族人曾信奉萨满教，萨满教巫医治病则以单面皮鼓为表明身份的工具，所以被称为“皮门”。“皮门”二字也隐含着对江湖医生的轻蔑，认为他们只懂得一些皮毛，是江湖骗子。

皮门中又有许多讲究，有隐医、流医、僧医、巫医、丹医等。

隐医，是指“遁迹幽岩”“隐于医卜”的医生。其中多有名医，也有江湖骗子。

流医，是指“萍踪浪迹”、流走江湖的医生，他们中的许多人“亦能粗谈经方，大率套语，其处剂攻补混施，识见胆力，藐无一可”（《轩歧救正论·流医》）。

僧医，是指以僧人身份行医的人。其中许多人并无真才实学，只是“诳言神授，惊炫俗眼”（《轩歧救正论·僧医》），借僧人的身份游走江湖，假托神佛行骗。

巫医，以符咒等巫术给人治病的人。

丹医，以丹药给人治病的人。

卖药的江湖人物类型极多，有设点行医卖药的、有临时摆摊儿卖药的、有朝山烧香卖药的、有挑担儿卖药的，也有推着摆满中药的小车儿，在小车上撑一把印着卖药标记的大伞卖药的，还有双手合十打坐卖药的。

从卖药的种类来分，有卖打虫药的、卖眼药的、卖春药的、卖壮阳药的、卖神药的、卖符水的，还有专卖各种秘方的……由于卖假药的人数众多，所以人们经常把江湖骗子和卖假药的联系起来，“跑江湖，卖野药”也成了一句俗语。大家熟悉的场景是旧时街上卖野药的，他们练把式，舞刀弄枪，一旦观众聚多了便开始卖药，以“祖传秘方”“今日所带药品不多”等极力鼓噪煽动，以便造成争相抢购的局面。

其实，以行医卖药行走江湖的行当起源很早，其中也不乏才俊人士。据史书载，早在商代，中国就有了医生，但当时医巫不分。巫，既代表鬼神发言，又医治疾病。

据《周礼·天官》记载，周时也有医疗组织和医疗考核制度，还出现了收容病残的场所，最早的医院据说是由春秋时齐国大将军管仲所建。但说到江湖，医生的始祖应是秦越人，也就是扁鹊，因为他既是中国史书上第一个有传记的医学家，也是一个集方士、医生等身份于一身的人。据《史记·扁鹊仓公列传》记载，他是战国之时渤海郡鄚（今河北任丘北）人，身怀绝技，内、外、妇、儿科兼长。他扎根民间，又活跃于宫廷，是民间游医中的佼佼者。

可以说，民间医生也有很多杰出人才，就像电视剧中的神医喜来乐那样的人物。但是这世间的事儿有真必有假，也有许多不学无术的人，他们假为行医，妄称灵药，肩挎青囊而无医人之药，手摇串铃却无医德医术，招摇撞骗，形迹恶劣，败坏了医者的清誉。

民间素有“医不三世，不服其药”之说，是说一个医生，如果家族没有三代人行医的经验，老百姓就不敢服他的药。因为医病是关系到生死的大事，庸医也会杀人。一位名医临终时诫子之言说的便是这个道理：“医可为而不可为，必天资敏悟，读万卷书，而后可以济世，不然，鲜有不杀人者，是以药饵为刀刃也。吾死，子孙慎勿轻言医。”翻译成白话，就是说当医生需要极其深厚的功力才行，既要天资聪颖，又要后天足够努力。如果做不到这两点，别轻易当医生。

三、李门（彩门）

跑江湖唱戏的、变戏法的、弄幻术的、耍杂耍的，都称为李门，又称彩门。称为“李”，是因为唱戏的、表演戏法的都认为自己是梨园弟子，他们崇拜的行业神是在梨园召集艺人表演的唐玄宗李隆基，属于李隆基的后世弟子，故自称

“李门”。其实，这类行当早在李隆基之前许久就存在了。可见，江湖门类的许多称呼并没有什么严格规定。称其为“彩门”，是从行业特点来称呼的，这种江湖行当大都需要化装，用油彩之类涂脸，并着彩衣，故得此称呼。

这种行当也有许多讲究，有搭高台唱戏的，有变戏法的，有耍杂技的，也有耍木偶的、耍猴的、吃铁蛋吞钢剑的，等等。

彩门中的各类行当在中国也有悠久的历史，在中国汉唐几个朝代还曾经兴盛一时。据《战国策》《史记》等史籍记载，春秋战国时期，随着私人工商业的兴起，商业的繁荣，大都市出现了各种各样的娱乐活动，击筑、吹竽、斗鸡、走犬、滑稽表演等活动兴盛异常。《战国策・齐策》在介绍齐国的临淄，也就是今天的山东淄博的情况时写道：“其民无不吹竽、鼓瑟、击筑、弹琴、斗鸡、走犬、六博。”这类活动如此兴盛，自然就有许多人以此作为谋生的手段。

特别是在汉代，随着社会进一步繁荣，都市的大规模发展，跑江湖现象更为普遍，跑江湖的艺人也日益增多，他们以表演乐舞、百戏、各类杂技等谋生。汉武帝还从全国征集江湖艺人和宫廷艺人，举行了历史上第一次乐舞百戏大会演，表演的节目有角力、举重、飞剑、跳丸、幻术、吞刀、吐火等。

自古以来，彩门中技艺高超的人比比皆是，给人们的生活带来了很多欢乐，但也有人以此行骗。比如，有一类骗术叫“腥棚”，“腥”就是假的意思，是说在动物表演中以移花接木、鱼目混珠、以驴唇去对马嘴的方法，人为地制造一些奇异的动物形象来骗人观赏。

由于彩门的骗术多为其他门的江湖骗子所利用，所以我们将结合其他门类的骗子来谈，不再做单独介绍。

四、瓜门（挂门、卦门）

瓜门也称挂门、卦门。瓜，是“挂”的一音之转。住家保镖、镖行保镖、武术教师，还有在江湖上卖拳弄棍的，都属挂门中人，这些人的共同特征就是习武。

自明清以来，练武术的都被称为“挂子”，一是因为“挂”本来是武术中的一种（如“劈挂掌”），借以代表武术界；二是由于江湖上以卖艺谋生的，不惟演武，也要卖卦。

康熙十四年（1675），太原人陈四，因家庭破产，不能过活，就率领兄弟子侄等人从山西逃荒出来卖艺度日，几年后发展成为几百人的大马戏班，陕西提督潘育龙上疏奏报皇帝说：“……陈四等率领妻子游走于外，凭其走马卖解、踏索弄卦为生，俗名‘卦子’，寡廉耻之民也。”这段话说明了卦门是怎样谋生的，也可以看出卦门谋生是很艰难的，官府认为他们“以武犯禁”，以致经常遭到弹压。

五、风门

汪康年在《汪穰卿笔记》中说：“风者，多含用刀之事。局赌亦在内。”就是说，经常携带刀剑等凶器游走江湖、挟制良善、勒索客商、以武力诓骗而触犯法律的人，就属于风门。

再说得清楚一点儿，风门就是所谓的匪盗。风客是清朝时对匪盗的称呼。

一是因为在清代江湖隐语中，刀又称为“风子”。抢劫、偷窃又被匪盗们称为“抢风”。“生意”不成，失手被擒则叫“失风”。替窃贼放哨则称“望风”。在清代武侠小说《续小五义》中，还有“风紧扯呼”的说法，是“人家防备很紧，赶快逃走”的意思。

二是在清代，一些江洋大盗俗称“风客”，包括一些武装走私的江湖人物。《清世宗实录》记载，雍正年间，有一类“风客”，他们“惯与粮船串通”，做走私食盐等勾当。到了道光年间，他们常常“聚徒百十人，其众足以拒官兵”，“或结会拜盟，或强抢行劫，各分党类，互相争夺械斗，甚至将人肢解”。（《清宣宗实录》卷九二）像这种走私贩私的江湖人物，就是匪盗。走私贩盐、贩毒的江湖人物，皆属风门。

风门中还有一类，就是局赌。所谓“局赌”，就是设赌局行骗。设赌局的江湖人物，都是“专职”的流氓赌徒，也就是我们说的赌棍，他们平时就没有正当职业，“所在成群，昼夜相赌”。一旦资产荡尽，谋生无策，就流为“窃攘”之辈。何况他们平时就“呼朋引类，用不着纠合就数百人立等可至”。（清朝吴士玉《奏请杜绝盗源以安民生折》）赌棍一遇反抗，又露刃相威胁，也属于“用刀”之风门人物。

以风门行当谋食的江湖活动也起源很早，至少可以追溯到春秋战国时期。有史料记载的盗跖和庄硚就是两个比较早的风门人物。他们“以威若力而取其财”，即以暴力或暴力威胁而取他人财物（《唐律·卷十九》）。这类人物，后世称为“刀背客”（《清仁宗实录》卷三三七）、“棒客”（清朝徐珂：“棒客，盗也”）、“刀匪”（清朝河南一带的土匪）、“拽刀手”（清朝河南、安徽、湖北三省交界处的土匪）、“砍刀会”（清末的一个土匪组织）、“千刀会”（清末活动于赣南的土匪）。他们每人携刀一把，沿途抢掠，这些都是用刀之士。

此外，也有经常携刀的流氓无赖、市井泼皮属风门之中的，他们有的懂些武技，有的甚至是亡命之徒。

六、火门

制造假钱行骗的江湖中人，在明清时被称为“火门”。我国古代的货币一直以金属货币为主，冶炼伪造金、银、铜等假币，皆需“以火为之”，故名。火门中也有许多讲究，有专门炼“伪金”的：造假金元宝、假金首饰和假黄金器皿等；有专门炼“伪银”的：造假银钱、假银器等；有专门伪造各类铜铸钱、铁铸钱的；也有专门伪造各种纸币（如宋代的“交子”，元代的“宝钞”等）的；还有伪造汇票和各类有价证券（如宋代卖盐的代价券“盐钞”）的……毫不夸张地说，有多少种钱币，就有多少种伪造的钱币。

正因为铸造假币如此猖獗，所以历代惩治这类犯罪的刑法也都极为严厉。秦律中就有盗铸钱则处死刑的律条，汉初也继承秦律，规定对盗铸者处以斩刑。汉文帝时废除此律，使造假钱之风大盛，尤其是江淮一带，成帮结伙盗铸钱币，所以汉景帝不得不起用比较严厉的官吏汲黯来制止这种行为。

《史记·汲郑列传》中有这样一段记载，汲黯是汉景帝时很有政绩的官吏，当时江淮一带许多人私铸铜钱，景帝起用他为淮阳太守，来制止这种严重扰乱国家经济秩序的行为，并恢复了对造假钱者处死刑的律条。汉武帝时将铸币权收归朝廷，发行通行全国的五铢钱，规定律条“凡盗铸金钱罪皆死”。据《史记·平淮书》记载，“自造白金五铢钱后五岁，赦吏民之坐盗铸金钱死者数十万人”。

南北朝时，地方和民间普遍存在造假钱的现象，使得货币制度十分混乱。其后，隋、唐、宋、元、明、清统治者都把铸币权牢牢控制在朝廷手中，私铸钱币者都要被处以死刑。但一直到清末，这种“立私炉”造伪金、伪银、伪铜等现象依然非常多。

火门中人既然伪造了钱币，就必须设法将大量的假钱脱手。他们采取的办法主要有两种：一是购物，借购买货物时将假钱脱手；二是以多换少，明确告诉对方是假钱，按比例换取真钱。《隋书》记载，隋文帝时，钱由朝廷统一铸造，“不中样者不入于市”，就是说不符合规格的不予流通，有一人在市上以“恶钱”换好钱，违背了禁止“恶钱”，也就是不中样的钱流通的法律，差点儿被文帝处以死刑。

清末，在天津郊区有许多无赖，立私炉用带沙子的次黄铜铸钱，所铸之钱入水不沉，名曰“水上漂”。他们将这些假钱私运入城，每三四吊换正式制钱一吊，还有的与兑买贼相互勾结，以假换真，危害社会，他们的行为同匪贼也无二样。

七、除门

除者，除去之意，也就是被人雇用杀人的江湖刺客、黑道杀手。他们的职业就是杀人，所谓“拿人钱财，替人消灾”，他们皆是心狠手辣之徒。从起源看，刺客也是江湖上比较古老的一个行当。司马迁《史记》中就有《刺客列传》，记述了聂政、专诸、豫让、荆轲、高渐离等战国、秦汉之时的著名刺客。但需要说明的是，战国之时的刺客，除了“以武犯禁”外，还有扶危、守信、仗义等侠风美德。他们行刺，多是为了报恩，而不是为了金钱。慷慨悲歌的荆轲、“漆身吞炭”的豫让等都是具有侠风的刺客。荆轲是战国时卫国人，由于没得到卫君的重用，从此仗剑走天涯，开始了游侠生涯，成为一位江湖人物。后来他受到燕太子丹的礼遇，并受燕太子丹的重托，去秦国刺杀秦王嬴政，功败垂成，留下了一个悲壮故事。豫让是战国时晋人，是晋国四大家之一——智伯的门客，很受智伯信赖。赵襄子灭掉智伯后，用他的头作为饮器。豫让逃脱，发誓要为智伯报仇。《战国策·赵策》中记载，豫让为了不让人认出自己，用漆涂身，又吞炭把自己的声音弄哑，用多种方法行刺赵襄子，却都未能成功，最后伏剑自杀。

自秦汉以后，游侠之风日盛，其性质却发生了变化；特别是魏晋南北朝之后，游侠古风日渐衰微，他们行侠仗义的成分越来越少。如鲁迅所说，“侠”字渐消之后，取而代之的是强盗之辈。他们杀人的目的只有一个，就是求财。清末有一个江湖组织叫“暗杀团”，它的宗旨最能说明这一点。据《上海黑幕》记载，这个组织秘密章程的第一条就是“本团为包办杀人的秘密团体”。就是说，这个组织是以杀人为职业，成员都是职业刺客。无论什么人，只要与之签订契约，缴纳费用，都可以雇用他们杀人，就像现在国外的雇佣兵一样。

其他的一些有黑社会性质的江湖帮会也有做杀人生意的。像清朝末年成立的红帮，就有“包做人”这一项。所谓“包做人”，就是“包办杀人”的意思，而且还有“不杀不要钱”的规矩。他们接的“生意”，都是私人交易，秘密进行。所以，许多人常为仇怨之事找红帮“做脱他”（就是杀掉他），清末民初，他们的“生意”已有应接不暇之势。

八、妖门

“妖者，皆女人为之。”（《汪穰卿笔记》卷四）就是说，行走江湖的不正经的女子，就属妖门了。为女子单列一门，一是因为有些江湖行当绝大多数是女人所为（娼妓、媒人、妓院老板等）；二是因为女骗子比男骗子更隐蔽、更容易让人上当受骗。

妖门的骗术，最主要的就是以女色为诱饵，设“美人局”以行骗。她们大都从男欢女爱的风情方面，想出一些奇巧的题目来，设置一些“粉套儿”，套牢了许多好色之徒。

古人有云：“天下最易动人者，莫如色。然败人德行，损己福命者，亦莫如色。”偏有许多人见色迷心，而不知省悟。

又有许多以此为业的江湖骗子，或以“妖”直接骗财；或以“妖”拐骗上钩者，待上钩者目眩神迷之时，钱财已被“妖”卷拐而去。

明代把设美人局诈骗称为“扎火囤”，意思是设一个圈套让人钻。当上钩者以为幸得艳遇之时，突派持刀者闯入，将其洗劫一空；或者充当介绍人，做女皮条客，从中牟取钱财。比如，《水浒传》里为西门庆和潘金莲拉皮条的王婆，就是这一门人物的典型。还有的女“妖”充当奸骗妇女恶棍的帮凶，她们以花言巧语将良家妇女诱至某处，或以强硬手段威胁，或以药物麻醉，坏其名节，无异于图财害命。

总之，妖门中人，皆以色为谋财手段。古人云：色字头上一把刀。利用色刀宰人者比比皆是。所谓“风月襟怀，图取欢来，戏场中尽有安排”（明朝凌濛初《二刻拍案惊奇》第八卷）。一旦为色刀所伤，轻则伤财，重则殒命、亡家乃至亡国。古往今来，从宫廷里的美人计（如越王勾践进献西施给吴王夫差的计谋）、连环计（如《三国演义》中王允献貂蝉于吕布、董卓的计谋），到市井中的“扎火囤”“放白鸽”，都在警告人们自尊自重，免得追悔莫及。

九、丐门

前面已经述及，历史上对“五花八门”的内容有着不同的说法。有人把丐门也算作八门中的一大门类。

乞丐是江湖中三教九流中最末的一流，是最低贱的行当，多指那些以行乞为生的贫困者。

乞丐是江湖上一大门派，很多有名的人也做过乞丐。相传，帝王高辛氏有一个儿子专爱着破烂衣服，吃粗食，民间称其为“穷鬼”，并有“送穷鬼”的风俗。他是传说中最早的乞丐。

有史料记载的、最早而又最有名的乞丐是春秋战国时期的伍子胥。他是楚国人，后来因兄长父亲皆为楚平王所杀而逃出楚国。楚平王令人画像，并派出大军追捕伍子胥，为了逃避追杀，伍子胥曾向浣纱女乞食；逃到吴国后，伍子胥又隐去原形，披发佯狂，跣足涂面，吹箫乞食于吴市（今江苏苏州）。伍子胥后来官至相国。这种传奇经历最能激发“奇迹王朝”臣民的荣誉感，所以他被乞丐尊奉为祖师和行业神。

据《江湖丛谈》记载，明太祖朱元璋落魄江湖时，得了伤寒，病倒在一个土地庙内，姓梭、姓李的两位乞丐热了要来的剩饭，喂他吃下，才把他救活。后来朱元璋当了皇帝，有一次染伤寒，又将梭、李二乞丐请到宫中做了鸡汤杂合菜，治好了他的病。朱元璋要给他们封官，两位乞丐不受，仍愿为乞丐。皇帝传旨赐太平鼓，上安十三个铃，每一铃吃一省，当时明朝有十三省，故能吃遍全国，所到之处，不论文武官员、商人、民众，见他们都要给钱。后梭、李之徒日增，乞丐多称自己是梭家门人或李家门人。

因篇幅所限，我们就不再对八门骗术一一介绍。

下面只介绍巾门、皮门、风门、火门、妖门和丐门的行骗情况。

第二章

古人怎样和“神仙”打交道

巾门骗术

巾门骗术，早在奴隶社会就已出现，而广行于社会是在秦汉以后。大量的秦汉方士开始有意识地以宗教迷信骗术行走于江湖。这时，儒教、道教、佛教的形成或传入，客观上为江湖骗子利用宗教迷信提供了更为适用的理论和方法。如鲁迅先生所说："秦汉以来，神仙之说盛行，汉末又大畅巫风，而鬼道愈炽；会小乘佛教亦入中土，渐见流传。凡此，皆张皇鬼神，称道灵异，故自晋讫隋，特多鬼神志怪之书。"

秦汉之后，无论是道教、佛教，还是儒教，都有一个"张皇鬼神，称道灵异"的共同特征，儒教的"谶纬术"，道教和佛教的"法术"，都是以神秘的方法解决人类生活问题的方术。这些方术又都毫无例外地为江湖术士所利用，成为江湖骗子骗人和谋生的工具。

巾门之骗术，皆是以迷信的手段欺人、骗人，也就是俗话说的"装神弄鬼"。他们以成仙术、通神术、驱鬼术、预测术（是假托神佛之名的预测术）等江湖方术来欺世盗名、骗取钱财，上至宫廷，下至民间，都有他们活动的踪迹。

成仙术：古人对当神仙有多痴迷

成仙术就是成为神仙的方术。

学者高大鹏在《造化的钥匙》一书的总论中说："从超越世界来的生命称为神，由凡人经过转化而成的超越生命则为仙，简言之，由天而人谓之神，由人而天谓之仙。"就是说，虽然人们经常将神仙合称，但严格来讲，神和仙原有不同的含义。

关于仙，汉代许慎《说文解字》解释的含义是："仙，长生仙也。"汉代刘熙《释名·释长幼》解释得更为浅白："老而不死曰仙。"并说，"仙，迁也；迁，入山也。故其制字人旁作山也。"可见，所谓仙，就是长生不死，而且仙的居所多在名山。这种说法，源于"燕齐方士"。据《史记·封禅书》记载，齐威王（前356—前320年在位）、齐宣王（前319—前301年在位）之时，齐国驺（zōu）衍等人宣扬"终始五德"学说，而燕国人宋毋忌、充尚、羡门高等则"为方仙道，形解销化，依于鬼神之事"。

赤松子、彭祖、广成子、赤精子、安期生等也是燕齐方士想象或者半想象出来的神仙人物。赤松子是传说中的人物，方士们说他是神农时的雨师，他服食水玉，曾西游昆仑山，与西王母交往，随风雨上下；彭祖是个半想象出来的人物，据说彭祖能行导引之术，为长寿仙人；广成子，传为黄帝时人，黄帝曾向他询问治身之道；赤精子，传为颛顼时人，道教奉为真人；安期生，也是燕齐方士虚构出的海上仙人，方士们说他是琅琊阜乡（今山东胶南一带）人，在东海边卖过药，后来成为仙人，住在海中仙岛上，后世的方士们经常宣称出海寻找安期生求长生不死仙药。

神仙思想的产生，本来就是源于人们根深蒂固的心理愿望。燕齐方士们利用这一点，宣称：“……蓬莱、方丈、瀛洲。此三神山者，其传在勃海中，去人不远……诸仙人及不死之药在焉。其物禽兽尽白，而黄金银为宫阙。未至，望之如云；及到，三神山反居水下。临之，风辄引去，终莫能至云。”（《史记·封禅书》）这里所谓“三神山”，其实不过是海市蜃楼，方士们却把那里说成是神仙聚居之地、不死药的故乡。他们鼓吹人们去海上寻仙采药，以求长生不死。

当时的统治者齐威王、齐宣王、燕昭王都曾派人入海寻求三神山和不死药，未能成功，但他们的做法为许多江湖骗子提供了骗人的灵感。一时间，声称有不死药的方士蜂拥云集，“怪迂阿谀苟合之徒自此而兴，不可胜数也”。

这种情况，在南方的楚国也多有发生。《战国策·楚策》就有“有献不死之药于荆王”的记载。至于《山海经》这部三万字的书中，除了神怪、逸闻外，也有关于“不死之药”“不死之民”的记载，可见这种信仰之广泛。

那些想当神仙的皇帝

成仙之术在春秋战国时已广泛流行于东南沿海及南方广大地区。服不死药是成仙的基本方法之一。公元前219年，秦始皇到泰山祭神。事毕，有个叫徐福（又叫徐市）的方士，琅琊人，揣摩到秦始皇追求长生的迫切心理，就上书说：海中有三座仙山，叫蓬莱、方丈、瀛洲，那里面都住着神仙，他们炼出了长生不死药。秦始皇相信了他的话，耗巨资，派徐福征发童男童女数千人，入海求神仙，寻找长生不死药。

但是，徐福入海几年，也没有找到长生不死药。那么，怎样来骗过秦始皇呢？要是惹恼了这位“千古一帝”，后果之惨可想而知。于是徐福开始编造谎话，他告诉始皇帝：蓬莱神药是可以得到的，但由于海上有大鲛鱼兴风作浪，所以没有办法到仙山上去，要是有善于射箭的武士一起去，把大鲛鱼射死就可以了。

秦始皇信以为真，命人入海捕捉大鲛鱼，还亲自以连弩射之。但无论秦始皇怎样虔诚，还是没有得到那根本不存在的不死神药。唐代大诗人李白有一首《古风》诗云：

> 秦王扫六合，虎视何雄哉！
> 挥剑决浮云，诸侯尽西来。
> 明断自天启，大略驾群才。
> 收兵铸金人，函谷正东开。
> 铭功会稽岭，骋望琅琊台。
> 刑徒七十万，起土骊山隈。
> 尚采不死药，茫然使心哀。
> 连弩射海鱼，长鲸正崔嵬。
> 额鼻象五岳，扬波喷云雷。
> 鬐鬣（qí liè）蔽青天，何由睹蓬莱？
> 徐市（fú）载秦女，楼船几时回？
> 但见三泉下，金棺葬寒灰。

威名赫赫的秦始皇，为了寻仙药求长生，受江湖方士欺骗，至死未悟。

可悲的是，仍有许多人不断重蹈覆辙，相信有长生不死药，相信方士致神成仙的鬼话，其中甚至包括赫赫有名的汉武帝、唐太宗等极有才能的皇帝。

《资治通鉴·汉纪十》记载，汉武帝一生迷信方士，笃信长生不死药。他先是相信江湖骗子李少君，李少君吹嘘说："臣尝游海上，见安期生，食巨枣，大如瓜。安期生仙者，通蓬莱中，合则见人，不合则隐。”汉武帝按李少君的要求，祭神祠灶，然后派遣方士入海求蓬莱安期生，又建铜雀台、承露盘，服食“甘露”。据记载，李少君病死后，汉武帝仍派方士黄锤、史宽舒继续寻求蓬莱安期生。虽然并未找到，“而海上燕齐怪迂方士多更来言神事矣”。

元封元年（前 110），汉武帝东巡海上，齐人上书言神怪仙方者以万数，然无一灵验者。汉武帝令发船，寻求蓬莱仙人，不得。这时方士公孙卿又向汉武帝报称他看到了“大人”，“身长数丈，就之则不见，其迹甚大，类禽兽云”，并说那就是有仙药的神人。次年春，公孙卿又诈称见神人于东莱山（坐落于今山东省莱州市境内）。汉武帝封公孙卿为中大夫，又至东莱遣数千方士求神采药。公孙卿又建议汉武帝多建宫观以候神人，汉武帝受其蛊惑，到处大建宫观。其中最著名的就是太初元年（前 104）修造的建章宫。它是一规模宏大的人工仙境，聊以慰藉汉武帝思仙若渴的心理。

汉武帝在位数十年，耗费巨大的钱物人力，终是“水中捞月”，到了晚年，他才明白：“向时愚惑，为方士所欺，尽妖妄耳！”于是下诏罢除方士。

服药成仙术发展到一定程度，就开始服用“金丹”了。金丹是以铅、汞与其他药物为原料，放在炉火中烧炼而成的。炼丹术酝酿于春秋战国时代，至秦始皇时代有人开始炼丹。《史记·秦始皇本纪》中有“方士欲炼以求奇药”的记载，汉武帝时李少君也曾建议用丹砂和其他药物作为原料，炼成黄金，再用它铸成饮食器，认为使用这些器皿，人就能长寿。但真正从理论上论述炼丹能长生长寿的，是魏晋时期的著名炼丹家、医生葛洪。《晋书·葛洪传》记载：“（葛洪）以其炼丹秘术授弟子郑隐。洪就隐学，悉得其法焉。”就是说，葛洪的祖先就有炼丹的，葛洪继承祖业，继续炼丹养生。《抱朴子·金丹》中有文：“夫金丹之为物，烧之愈久，变化愈妙。黄金入火，百炼不消，埋之毕天不朽。服此二物，炼人身体，故能令人不老不死。”

按葛洪的说法，黄金和金丹一个恒久不变，一个万般变化、奇妙无比，服食它们，可以使身体不朽，让人长生不死。但事实上，服丹的结果是“多为药所误”。许多帝王、大臣都因服丹中毒致死。

从唐代开始，迷信方士，以求长生不老或得到神佑的观念，影响更大。连素来以明智著称的唐太宗竟然也相信起方士来。贞观二十二年（648），右卫长使王玄策出使印度，带回一个叫耶罗迩婆娑的方士，这个方士自称能合长生药，唐太宗非常相信，但结果是服之无效，隔年就驾崩了。

其后，唐高宗也笃信长生之术，宠信道士叶法善等方士，曾广征诸方道士，炼制丹药。唐玄宗更是宠信金丹术士，将为皇帝造金丹的术士号为“供奉山人”。当时著名道士如吴筠、卢鸿、王希夷、李含光、司马承祯、张果等，都先后被征召入长安，向玄宗进献丹药，共议炼丹之事。

天宝年间，唐玄宗召道士孙甑生、罗思远、姜抚等从事炼丹。他退位后，仍念念不忘炼丹。唐宪宗李纯也是服食金丹的热衷者，即位不久就遍求方士，想得到长生不死药。元和十三年（818）前后，鄂岳观察使李道古等人推荐了一名叫柳泌的方士，根据柳泌的说法，今天的浙江省天台山是神仙聚集的地方，当地生长着灵草，用它做药饵可以炼出长生不死药，并求为台州刺史。唐宪宗听了大喜，竟答应了他的请求，任命柳泌为台州刺史。裴潾等臣子劝他不要这样做，但唐宪宗却说只花费一州的代价，就能使君王长寿，何乐而不为呢？他不理会臣子们的进谏，反将裴潾等贬职，并大量服用柳泌等人进献的金丹，结果服后脾气极为暴躁。

元和十五年（820）春，唐宪宗丹毒发作，经常斥责臣下，杀害宦官，宦官陈弘志等人害怕无罪被杀，就合谋杀死了唐宪宗。其后的唐穆宗、唐敬宗、唐武宗、唐宣宗也都嗜好服丹。封建帝王的喜好和支持，使服食丹药风靡朝野，一些达官显贵也群起仿效，结交方士丹客，结果常常是为江湖术士所骗，为药所误，枉送性命，其中就有唐代大文学家韩愈的女婿李汉。他“遇方士柳泌，从受药法，服之往往下血。比四年，病益急，乃死”。

韩愈亲眼见这位工部尚书归天，以及殿中御史李虚中、刑部尚书李逊等七位大臣死时的惨状，曾在《昌黎先生集·故太学博士李君墓志铭》中力陈服药之害：

> 余不知服食说自何世起，杀人不可计，而世慕尚之

益至，此其惑也！在文书所记及耳闻相传者不说，今直取目见亲与之游，而以药败者六七公，以为世诫。

虽然为数众多的人“服食求神仙，多为药所误”，但仍有许多人不吸取教训，相信方士，妄求长生丹药，为江湖骗子大开方便之门。

明世宗朱厚熜（cōng）是明代最迷信道教长生仙术的皇帝，他在位45年，一直崇拜仙道，祈求长生。每日总是和一些方士混在一起，讲求成仙之道。不少大臣以善写青词而入阁，他还要求大臣们的服饰打扮也表现出求道诚意。相反，对于那些劝谏他的大臣，轻则监禁、廷杖，重则处死。一位名叫夏言的大臣被斩首弃市，其罪状之一就是不肯戴皇帝赐给他的道巾。

终明世宗一朝，以秘方得其恩宠、封官给禄的就有数十人。其中，最得意的就是邵元节和陶仲文了。其实邵、陶二人并没有什么特殊的本领，只不过合成的壮阳药满足了明世宗的需求。明世宗崇信道士，求丹炼药，不思朝政，也为数十年后明代的灭亡种下了祸根。

辟谷：餐风饮露，不食五谷

辟谷术是道教成仙的又一种基本方法。所谓“辟谷”，就是不食五谷。道教认为，五谷滞重，食后肠中不清，不能使人飞升，长生不老。只有服气、服水等，才能轻身升天。道教的辟谷是指以服食空气或水的方法来达到长生不死。葛洪的《抱朴子》中引汉陈仲弓《异闻记》云：

> 其郡人张广定者，遭乱常避地，有一女年四岁，不能步涉……下此女于冢中……其间三年，广定乃得还乡里……广定往视，女故坐冢中……乃知其不死。问之从何得食，女言粮初尽时甚饥，见冢角有一物，伸颈吞气，试效之，转不复饥。日月为之，以至于今。

上文是说一个被父母遗弃于空坟之中的小女孩，以吞气之法存活了三年之久，倘若有人真的相信，肯定受害无疑。

历史上一个年轻有为的太子——西夏开国皇帝李元昊的

儿子李宁明，就是在跟道士学辟谷之法时，赔上了性命。说辟谷术能使人长生，纯属无稽之谈。连葛洪都认为辟谷长生是“行气者一家之偏说耳”。

成仙术的另一种基本方法是尸解术，用这种邪说行骗的方士为数众多。李少君病死后，方士们就说他是尸解成仙。《抱朴子·内篇·论仙》中说，汉武帝“令人发其棺，无尸，唯衣冠存焉……今少君必尸解者也”。对《后汉书》的注解当中，也有“尸解者，著将登仙，假托为尸以解化也”的描述，意思是，所留的尸体并非真正肉身，而是某一物变化的假尸体。凡是尸解成仙的，多留下一物而后去，如衣冠、刀剑、竹杖等。

尸解术不过是江湖方士又一骗人邪说，用这种方法行骗更是简单易行，或是将死去的人的尸体藏起，以物代之；或是先假死，让同伙埋葬之后再偷偷弄出去，故意让人在另外的地方发现。

《抱朴子》中说，有一个道人李宽，在吴地有大疫时，“亦得瘟病，托言入庐斋戒，遂死于庐中。而事宽者犹复谓之化形尸解之仙，非为真死也”。就是说，连葛洪都认为李宽未曾得道，他的死就是真死，根本不是尸解成仙。其实，那些被方士们奉为尸解成仙的人，不都是如此吗？

无论哪一种仙术，都是虚假的。东汉无神论者王充在《论衡》中，就从理论上说明衰老死亡是一切生物的规律，人作为一种生物，也逃避不了这个自然规律；服药养生，可以延长寿命，但绝不可能长生不死。

明代医药学家李时珍在《本草纲目》中以科学的态度、丰富的医药学知识对各种“仙药”做了分析，指出这些药物根本不能使人长生。他还特别指出乱服药、滥服药的危害。比如，水银、丹砂一直是方士们吹嘘得最厉害的神丹仙药，李时珍指出，多服水银、丹砂必然会中毒。还有灵芝，不过是一种普通的药材，说服食灵芝可以成仙，更是虚妄。

无论是哪一种仙术，都有一个致命弱点，就是言无征验。汉以后的无神论者就一再指出，秦始皇、汉武帝都那么信奉神仙，结果还不是一样命归黄泉？那些有名有姓的服药、尸解等而成仙的人，如今又在哪里呢？

通神术：如何连接奇妙的“另一个世界”

神属于另一个世界，现实世界的人要与之相通，就得通过某种途径。这各种各样的通神办法，我们总称为通神术。它承继上古时期早已有之的感召巫术，变化其形式和内容，发展出新的招数，如占卜、法术等。占卜是测知神意的手段，只有通过占卜才能了解神的旨意；法术是施术者暂时具有的一种超自然的能力，可以请神驱鬼，直接同鬼神打交道。关于占卜等，我们以后再详谈，现在着重谈谈法术。

《三国演义》第四十九回《七星坛诸葛祭风　三江口周瑜纵火》中，写了一个孔明借东风的著名故事：

> 孔明曰：“亮虽不才，曾遇异人传授奇门遁甲天书，可以呼风唤雨，都督若要东南风时，可于南屏山建一台，名曰‘七星坛’……”
>
> ……孔明于十一月二十日甲子吉辰，沐浴斋戒，身披道衣，跣足散发，来到坛前……仰天暗祝……东南风大起。

这里说的孔明建坛祭风“仰天暗祝”，就是一种法术。类似的活动还有祭雨，又称祈雨、求雨。法师求雨之时，也要焚香设案，念咒诵经，求神开恩，普降甘霖。

无论是哪一种法术，都是暂时赋予施术者的一种超自然的能力，古人认为施术时可以直接同鬼神打交道。可见，法术是直接继承上古时期早已有之的感召巫术，变化其形式发展出了新的招数。法术和巫术并无两样，只是称呼不同罢了。

被“法术”欺骗的汉武帝

用法术为手段行骗的江湖术士，古已有之。秦汉之际就有关于这方面的确切记载。《史记·封禅书》中记载了一个与之相关的历史典故，叫“望气取鼎”，这是历史上有名的大骗局。

新垣平，是汉文帝时一著名的江湖骗子，他素爱在汉文帝面前装神弄鬼，并屡屡得逞。他利用的法术叫“望气术”，是根据云气的色彩、形状和变化来占验人事吉凶。这个骗术有这样几个步骤：

一是新垣平谎称他看见了祥云瑞气。

按当时的民间说法，如果看到云气上有兽的形状，并且有五种颜色的祥云瑞气，就预示万事大吉。具体来说，望气是古代方士的一种占候方式，是用望云气变幻来测吉凶祸福的。《史记·正义》有记载说，在真命天子的居处，常有一股非同寻常之气，谓之天子气，而五彩绚丽的云气，就是一种天子气。皇帝最喜欢听别人说看到他周围有五彩之气，这样更能证明他是真命天子。新垣平正是迎合了皇帝这种心理。

二是他事先派人按约定的时间在宫外献上刻有“人主延寿”的玉杯，以博得皇帝的欢心。

有了这两步，就会让人相信他能为皇帝找到周鼎。鼎是祭祀的重器，传说它能“协上下，承天休”，和传国玉玺一样，都是“君权神授”的象征，哪一个皇帝不希望得到呢？但新垣平也是百密而一疏，有人上书揭露他的骗局，据说他伪造古器的手书也被汉文帝认出，结果被汉文帝怒斩于长安。

虽然新垣平落了个被诛杀的下场，但此类江湖骗子行骗的行为并没有终止。之后的汉武帝，极好求神问仙，极信方士之言，因此方士和诸神巫多聚居长安，女巫则往来于皇宫和诸王宅院，许多江湖骗子又效仿新垣平，在汉武帝时又粉墨登场了。

我们在前文中提到过一个汉武帝时期的方士，叫李少君，他的特长是自我吹嘘为祀灶，即祭祀灶神。李少君告诉汉武帝，灶神执掌人间的吉凶祸福，所以祭灶并不是简单的祭祀，使他上天言好事，回宫降吉祥，而是有更大的神通。李少君见到汉武帝后，就对汉武帝说，要是采用祭灶主之术，就能使丹砂化为黄金，可以延年益寿，可以见到蓬莱仙人，可以长生不死。

汉武帝相信了他的鬼话，亲自祭灶，又让方士入海去寻找安期生。

李少君是个聪明的骗子，他常用一些小把戏来加强人们对他的信任，神化自己。一次，李少君在武安侯家做客，当时座上有一位九十多岁的老者。李少君突然说自己和这老者的父亲一起打过猎，并说出当年游猎的地方，那老者立即附和正是如此，满座皆惊叹不已。李少君隐瞒了自己实际的年龄，吹嘘自己能使人和动物长生不死，但是有讽刺意味的是，很快他就病死了。

李少君病死后，汉武帝仍执迷不悟，还以为李少君是仙化而去，依旧执礼甚恭，这更鼓舞了燕齐方士骗子“多来言神事”。

古代皇帝为什么那么喜欢封禅

丁公、申公、公孙卿等燕齐方士蛊惑汉武帝“封禅”，封禅也被方士们说成是可以长生不死的一种仙术。齐人公孙卿说：“昔日黄帝常游五山，与神合，百余岁然后与神通。”就是说黄帝铸鼎祭祀，因封禅而成仙了。汉武帝相信了公孙卿的鬼话，无限向往地叹道：“嗟乎！吾诚得如黄帝，吾视去妻子如脱屣耳。”从此汉武帝梦寐以求登泰山封禅，以期得仙。

其实，封禅原来只是古代统治者祭祀天地的一种大典。古人认为，泰山为五岳之首，上接于天，故登泰山筑土为坛，祭天曰封；在泰山旁的诸山辟土为墠（shàn），祭地曰禅。齐桓公想举行封禅礼，被管仲劝谏停止了。

第一个上泰山封禅的封建帝王是秦始皇，《史记·封禅书》中说他登泰山，下梁父，行封禅大典，立石颂秦功。从秦始皇开始，封禅除了从政治上肯定君权神授外，还有为统治者夸耀文治武功的目的。但到了汉武帝之时，则成了帝王个人向往神仙、祈求长生不死的手段之一。

提起这封禅之事，还真是说来话长。《史记·封禅书》中就专门记载了历代封禅之事。

秦缪公即位九年，齐桓公既为霸主，在葵丘召集诸侯会盟，产生了封禅的念头。管仲说："古时候封泰山禅梁父的有七十二家，而我记得的只有十二家。以往无怀氏封泰山，禅云云；虑羲封泰山，禅云云；神农封泰山，禅云云；炎帝封泰山，禅云云；黄帝封泰山，禅亭亭；颛顼封泰山，禅云云；帝喾封泰山，禅云云；尧封泰山，禅云云；舜封泰山，禅云云；禹封泰山，禅会稽；汤封泰山，禅云云；周成王封泰山，禅社首。都是受天命为帝王以后才得以封禅。"

齐桓公说："寡人向北征伐山戎，兵过孤竹；向西伐大夏，远涉流沙，勒马停车，登上卑耳山；向南征伐到召陵，登上熊耳山以眺望长江、汉水。为平乱伐叛等武事召集诸侯会兵三次，为政治、外交等文事集会了六次，前后九次集会诸侯，一统天下，诸侯无一人敢违背我。与以往三代受天命为帝王的，又有什么两样？"

于是管仲看出对桓公不可能以言辞说服，只好设置些难办的事情阻止他，说道："古时候封禅，需要用鄗上地区的黍，北里地区的禾，做祭天用的粢盛；用江淮之间生长的三脊茅，编织荐神的席子。东海来贡比目鱼，西海来贡比翼鸟，然后还有不求自至的十五种吉祥物出现。如今什么祥瑞也没有，凤凰麒麟没有降临，嘉谷没有产生，而田野中的蓬蒿杂草茂盛，鸱枭等恶鸟数次出现于朝堂，在这种情况下想要封禅，是否不太合适？”于是桓公打消了封禅的念头。

典故“少翁致鬼，栾大求仙”，说的也是汉武帝时两个大江湖骗子行骗的故事。少翁的主要本事是能“扶鸾”——请神降临指点迷津。按方士们的说法，神仙都是驾风乘鸾而行，请神的巫师方士，用种种迷信方式谎称所请之神已降临显灵。少翁是借汉武帝思念已故的李夫人，声称自己会“扶鸾”。他夜映灯烛，设帷帐，陈酒肉，令汉武帝居于帷帐之中，恍恍惚惚，遥遥地见到一个女子的人影，少翁说那就是李夫人的魂灵。汉武帝一时信以为真，“乃拜少翁为文成将军”。

少翁又说他能请来神，但耗费了许多财力也毫无结果。大概是少翁看出了汉武帝的疑心，于是又想以“牛腹帛书”的骗术重新得到恩宠。他先让牛把帛书吃下，等该牛从面前经过时，装模作样地说这牛腹中有奇物，让人杀牛，得到帛书。没想到汉武帝认出了这帛书里是少翁的笔迹，于是这位装神弄鬼的文成将军也去见新垣平了。

至于栾大，更是显赫一时，先后被封为五利将军、天士将军、地士将军和大通将军，并被招为驸马，赏赐甚丰。栾大的本事据说是能求得神方，通言于神，故得到汉武帝的厚爱。

栾大得到的封赏更激起了方士们的贪欲。一时间，方士骗子云集长安，都说自己通神有方，长生有术，迷信的汉武帝为江湖骗子所蛊惑，不仅劳民伤财，甚至酿成一场杀子亡妻的惨祸。

汉武帝与巫蛊之祸

公元前 92 年冬，近七十岁的汉武帝带领宫人游览太液池，攀登了为求仙而仿建的海上仙山，回宫后，疲惫不堪，蒙头大睡。恍惚间似见一男子带剑入宫，满脸杀气。汉武帝大惊醒来，高喊有刺客，结果武士们搜遍了建章宫、上林苑，一无所获，于是汉武帝怀疑是妖魔作祟。又一日，汉武帝在建章宫，又梦见无数木人，持杖向自己进击。汉武帝召来水军都尉江充谈了此事，江充一口咬定是巫蛊作祟。

江充原是赵国一门客，得罪了赵国太子刘丹，逃了出来，江充左思右想，来到长安告密，报告了刘丹乱伦之事，引起朝野一片众怒，因此刘丹被罢黜。汉武帝之后见到了江充，见其一表人才，风度翩翩，谈吐优雅。不久，江充成了汉武帝跟前的头号红人。

一次，江充随汉武帝去往甘泉宫，正好碰到太子派来给皇帝问安的使者，这位使者走的是皇帝专用道路，随即江充将使者逮捕问罪。太子刘据派人找到江充求情，但江充不予理睬，嫌隙由此产生。

表面上江充不以为意，但对于得罪了太子，他早已惶惶不可终日。汉武帝越来越老，如果哪天驾崩，太子即位，那么他江充必定没有好日子过。江充是以举报起家，于是他故技重施，预谋以诬陷的方式置太子于死地。此时的汉武帝年老昏庸，江充以此为借口，说宫中有人用巫蛊小人诅咒皇帝。

汉武帝为江充所蛊惑，让他负责追查此事。江充找来胡巫檀何，到官民住处，掘地捕蛊，掘出不少木人。其实所掘出的木人都是江充暗使胡巫预先埋就，江充和江湖骗子联手，先后陷害杀戮数万人。然后，江充又开始陷害和自己有嫌隙的太子，在太子宫中掘出他们预先埋就的木人和帛书。太子刘据心性仁厚，不善权谋，但是刀已经架到了脖子上，刘据也不得不做出反抗。当时汉武帝在甘泉宫养病，刘据则派人杀掉了江充，并烧死了那些巫师。

这可惹怒了刚愎自用的汉武帝，于是他发兵追杀太子。结果，太子的母亲卫皇后被逼自尽，卫氏一门，悉被定罪。太子的妃妾，全都自杀。太子虽然逃出京城，但最后仍在官兵重重围捕中无路可逃，自杀身亡。虽然后来汉武帝查明了巫蛊真相，但悔之晚矣，只能“悲痛常在朕心”了。

遗憾的是，江湖骗子所鼓吹的能摄魂魄，使之附在樟木、柳木、桑木所刻的小人之上就可伤人的巫蛊术，仍为许多后世人所信奉。其实，魂魄术是虚构的，自然无法勾魂附于木人之上，更不可能祸患于人了。

道教的产生和佛教的传入，推动流行于民间的巫术、法术更系统化。东汉五斗米教的问世，标志着道教的正式创立。道教的形成和发展，不单是依靠它的思想，还依靠各种各样的法术吸引广大群众。道教的所谓法术，是一种超越常人能力极限的技能，《初刻拍案惊奇》中对它的描述是“行持符箓，役使鬼神，设斋醮以通上界，建考照以达冥途”。依其功用划分，道教的法术可分为幻术、驱鬼术、降神术、祈雨术、祈晴术、还魂术等门类。许多江湖术士正是“假托小术”“纠合群愚”来行骗江湖的。

佛教是从印度传入中国的，那么它和江湖骗术有什么联系呢？首先，作为一种宗教，佛教起初就以神秘色彩渲染它的教规和神迹；其次，佛教本身就有传奇色彩，在佛教中，法术是其重要的法宝之一。《隋书·经籍志》记载的信徒翻译的佛教医书中，就有《乾陀利治鬼方》十卷，宋代翻译的《大藏经》中，也有以神咒治病的记载。特别需要说明的是，佛教从进入中国的那天起，就是被当作神仙方技一类传播的，再加上因果轮回之类的说法，吸引了为数众多的群众去相信它。“南朝四百八十寺，多少楼台烟雨中”，在佛教鼎盛时期，僧众更是数不胜数，许多借佛行骗者混迹其中。对此，清朝艾衲居士在《豆棚闲话》中有一段精彩的议论：

自汉明帝十二年佛入中国，道是西方来了圣人，拈着一个“空”字立论，也不过劝化世人看得万事皆空，六根清净，养得心境玲珑，毫无挂碍，原没有什么果报轮回之说。只因为后来人的无端穿凿，说出许多地狱天堂，就起了骗人章本。

发生这种变化自然有特殊的社会原因。汉魏六朝道教极盛，佛教也极盛，僧尼极受恩宠。比如，梁武帝信佛，经常从事佛事活动，一时间，“都下佛寺五百余所，穷极宏丽；僧尼十余万，资产丰沃。所在郡县，不可胜言”。

皇帝崇佛，因此僧尼道士常违法犯禁而不受制裁。一时间，各色流氓无赖纷纷拥入佛寺道观，许多江湖骗子也找到了安身之地。正如《豆棚闲话》所说：“不论贤愚好歹及奸盗诈伪之人，都因日常间走了尽头路，天将不容，地将不载，没奈何将这几根头发剃下，颈上挂着数珠，肩上搭着褊衫，手里拿着木鱼，就道是个和尚，从前过恶，人也就恕他一分。看得这条道路宽绰有余，那无赖之徒逃窜入门，不觉一日一日逐渐多得紧了。”

总之，自道教产生，佛教传入，道教、佛教的香烟弥漫在古代中国大地，再加上统治者有意识地提倡和利用，各种借宗教迷信行骗的江湖术士也一日多似一日。他们假借神佛法术，自称能呼风唤雨，驱魔降妖，到处行骗。

伪造灵迹：古人如何利用神话骗人

传说中汉代淮南王刘安“一人得道，鸡犬升天”的故事，就是道教徒们编造出来的神话。

这个故事是这样的：西汉淮南王刘安好道术，他的府第常常方士盈门。其中八位方士传授他道术，使刘安全家白日升天。放在庭院里炼丹药的器皿，被鸡犬啄舐，鸡犬也都升天，鸡在天上鸣，犬在云中吠。其实，西汉淮南王刘安是因为谋反泄密而自杀的，他也并没有炼出什么长生不死的升天之药。但后世道教徒却附会他服丹药后飞上天去成了神仙。

除了淮南王刘安外，西汉刘向的《列仙传》中还有许多所谓“飞升”的灵迹。如陶安公骑赤龙而升天，“数万人众共送视之”。自然，制造灵迹是为了使人相信宗教的法术。

宋代李昉的《太平广记》中，写了一个名叫左吴的人，他是刘安的弟子，据说他和刘安一起升天后又返回人间，还绘声绘色地描述了升天的经过。虽说左吴未必确有其人，但确会有像左吴这样的江湖骗子利用宗教“灵迹”来行骗。东汉王充在《论衡》中说的卢敖，就是如此。卢敖是西汉时期的人，他说他见过一个能飞的仙人，要和仙人做朋友，但那仙人认为他气数还未至，不肯度其成仙。

其实，正如王充所说，淮南王刘安因为谋反而被处死，天下皆知，何况卢敖孤身独行，在无人之处说些骗人的鬼话，更不可信。

王充还写了当时一个叫项曼都的人，他好道学仙，离家三年而返，家人问其状，曼都曰："去时不能自知，忽见有仙人数人，将我上天……饮我以流霞一杯，每饮一杯，数月不饥。"这也是他因一事无成而编的鬼话。

古代中国的寺观，可以说是"处处有灵迹"，因为即使没有，也会被人为地制造出来。方法有很多，编些神奇故事，以耸人听闻；埋些古时碑版，再当众掘出，冒充神物；或者洒些糖水，假说是甘露；或者请来些"高人"，吹嘘他们为"神仙""大师"；或干脆假扮神佛显灵，搞得人神魂颠倒。

明代陶宗仪《说郛》卷十八有这样一段记载：宋朝江东一村落中有一"藂（cóng）祠"，那里的女巫伪称神鬼显灵，兴风作浪。为了骗局不被揭穿，她们甚至不惜伤人性命来证实神灵存在。

宋代政和进士、天台学官江少虞的《宋朝事实类苑》卷二十四中，有一篇为《诈修庙》，收集了许多借宗教灵迹行骗敛财之事，其中相当一部分是游方僧人、挂单和尚、云游道士。他们来到一有山有水之地，然后放话出去，说此山此水是怎样灵异，引人朝拜“圣物”。这个所谓的“圣物”自然是伪造的，然后便要敛财修庙，并立一石碑，说捐款者可以万古流芳云云，等钱款敛到一定程度，他们就逃之夭夭，留下几块石碑嘲讽善良而愚昧的人们。

有的则明里暗里传播一些神鬼显灵的谣言，招摇撞骗。宋朝天圣至景祐年间，有一道士仇某，号称神灵托梦于他，要他建供奉道教真武神君的真武阁，他“冬夏跣足，推一小车，沿京城四处化缘”。当时道教极为盛行，修庙供奉神灵是一种时尚。由于皇帝支持，当时京师士人、市井百姓、军营兵卒，大都信奉真武帝，自然是捐献者极多，这位道士敛得钱财无数，但真武阁却没有建成。

宋朝洪迈《夷坚志》中记载：宋时潼州关公庙，偶像数十躯，其一穿黄衣，面多髯。有个公差王云过府，巫祝喻天佑见其貌似庙中黄衣者，便邀至其家，托其制造一大幞头。王云不知其用意，按巫祝之意请耿迁制作。王走后，并无人来耿处取货。一天，耿迁入关庙，见黄衣塑像，大惊道：这不就是前所托做大幞头的人吗？！归家立捧献之。事情传出，一府居民，争先瞻敬。巫祝因此获利无数。

十余年后，王云重过潼州，人皆指点谈论，他怪而问之，方知前所造大幞头者，皆是巫祝设计造诈以欺人，告了官，巫祝坐黥（qíng）窜，尽籍没其家私。

清代在苏州有一座北禅寺，僧人修建九层土坛，弄一“肉身佛”（不是雕像）放于坛顶，说是佛祖现身，然后要以火焚之。苏州巡抚汤文正，微服私访，弄清了真相。原来是一个吴江人被僧人禁闭，被灌进一种东西，使其不能说话，以冒充真佛。由此可见，这些僧人狡诈歹毒到何种程度。

清代艾衲居士的《豆棚闲话》中也有一段记载，宋代在湖广德安府应山县（今湖北省广水市一带）有一古刹叫普明寺，传说该寺原是圣地，所以佛祖屡屡现身，高僧屡屡坐化。后来骗局被揭穿，原来所谓佛祖现身，高僧坐化之事，是让香客服了蒙汗药，然后又把他绑起来晒在日光之下，待他的额角和面目都晒得黧黑之后，把他的头发齐眉剪下，扮成带发修行的头陀的模样，再把他捆绑成和尚打坐的姿势，饿上三五日，头骨俱软，衣袂之中灌上硫黄焰硝，扶在柴楼龛座之上，说他自愿引火超升；有的干脆把一些年老的和尚也强行弄成这般模样。

如此狠毒，原因也简单，这寺庙中的徒众皆是平时做贼杀人之辈。这种情况在当时并不稀奇，许多江湖上作恶多端之辈，先在寺观中隐身，然后将寺中僧众或驱逐，或杀掉，或挟持一同作恶，就像《水浒传》中的生铁佛崔道成和飞天夜叉邱小乙占据瓦罐寺那样；另有许多江湖骗子干脆另起炉灶，自己建个寺观，以和尚、道士的身份行骗江湖，这大概可算是“占山为王”的一种特殊形式。

妄托符咒：假借祈福欺骗人

符箓原是道士所用能给人带来祸福的文字或图形，中国古代道士用于驱鬼治病的秘密文书。箓者，图箓，秘籍也，谓天神所予之册命。符和箓都是让鬼神听令的文字图形，但二者又略有区别。符主要是书写祈禳之词的图形，箓则主要涉及鬼神的名字。

江湖符箓，来自道教。江湖术士重复道士们的话，说符箓有种种神奇妙用，既能遣神役鬼、镇魔压邪，又可治病求福。至于咒语，和符箓的功能差不多，它又称神咒，是一种能召神役鬼、趋吉避凶、具有法力的语言，它也是法术的重要组成部分。

最著名的咒语，要数观音菩萨传给唐僧的“紧箍咒”了，只要唐僧一念此咒，孙悟空就疼痛难忍。除了紧箍咒之外，还有驱虎咒、灭火咒等。甚至在唐代还流行一种“骰子咒”，据说只要念上十万遍骰子咒，就可随意掷出骰子的点色，要大有大，要小有小。但清代有人试验后却说，念此咒有时灵有时不灵。其实，这类法术本身就是一种骗术，所求之事，有效了，便贪天之功；无效了，便寻找借口，替自己开脱。正如凌濛初所说：“那无知男女，妄称神鬼，假说阴阳……假说降神召鬼，欺骗愚人。”

凌濛初还写过一个发生在唐武宗会昌年间的故事。当时晋阳县（今山西省太原市一带）有个县令姓狄，名维谦，在晋阳大旱四五个月之后，贴告示广征能兴云布雨的术士。众人推荐了一个名叫郭赛璞的无赖邪民。他自幼好习符咒，和一个女巫一起，施符设咒，救病除妖，偶然有些小小应验，便一传二、二传三，各处传将开去，道是异人异术。

后来女巫又和太监往来多了，得以出入宫廷，又得太监们的帮助，得到了皇帝的赏识。郭赛璞和女巫都被赐号“天师”，二人越发趾高气扬起来。狄县令亲自去请，但天师就是不肯来；狄县令又写信给知州，请他亲自上门去请，郭天师不得已才答应了。但这两个江湖骗子如何会祈雨呢？他们寄希望于“天气晴得久了，好歹多少下些；有一两点洒洒便算是我们的功德了。万一到底不下，只是寻他们事故，左也是他们不是，右也是他们不是。弄得他们不耐烦……那时只道恼了我们性子，扳留不住，自家只好忙乱，哪个还来议我们背后不成？”

于是郭天师装模作样，登坛祈雨：又是念咒，又是烧符，然后说是已飞符上界请雨，上天下了命令，只要众人至诚，三日后雨当沾足。但三日后并无雨。于是郭天师又诡辩说：“灾沴（lì）必非虚生，实由县令无德，故此上天不应。我今为你虔诚再告。”又说，“亢旱必有旱魃（bá），我今为你一面祈求雨泽，一面搜寻旱魃，保你七日内自然有雨。”

天师令女巫到民间各处去寻旱魃，但见民间有怀胎十月将足者，便道是旱魃在腹，要用药打下他来。经女巫这一吓，有女人怀孕的人家都慌了，富户人家就出钱贿赂她，她得到了无数钱财。最后只把几个无钱贿赂的贫穷孕妇带来，说她们是旱魃之母，用水浇她们。但两个骗子折腾了七天，仍是无雨。

两个骗子又说："是此方未该有雨，耽搁在此无用。"收拾东西，立刻要回本州。县令和百姓又一起苦留，骗子才答应再留一天。其实，县令是个明智之人，他早看出两个骗子的真面目，只因愚民轻信："只道我做官的不肯屈意，以致不能得雨。而今我奉事之礼，祈恳之诚，已无所不致了。他不说自己邪妄没力量，反将恶语詈（lì）我。"于是狄县令布置下去，第二天将两个江湖骗子用铁链锁上，鞭笞一顿投于水池之中。可笑这两个男女骗子做了一世邪人，最终死于非命。尽道天师术有灵，如何水底不回生？妄托符咒，结果连性命也骗丢了。

装神弄鬼，骗取钱财

许多"和尚""道士""巫师"和其他江湖骗子为了骗诈钱财，干脆亲自动手"造鬼作妖"。

《江湖丛谈》中记载了明清的江湖骗子常用的一种造鬼方法叫"小鬼拍门"。把药物打成稀糊状抹在某家门上，这样这家夜间风一吹就会有拍门之声，开门又无人，一夜惊吓过后自然就要请他们来驱鬼了。骗子上门后先是危言耸听，再拍胸担保驱除拍门之鬼。索钱之后，找个机会将门上的药糊弄掉，不但大功告成，还会名扬四方。

类似的造鬼术还有"造鬼影"，有句话叫"鬼影幢幢"，是说鬼是朦朦胧胧、摇摇晃晃的。利用人们关于鬼的这种认识，骗子们便里应外合，利用月光、星光等在人家中墙上等处制造出各类鬼影，然后再手执符箓等物来驱除作祟的孤魂野鬼，几人配合将“鬼魂”驱走，骗得重金后分赃。

在古人的观念中，还有一种特殊的鬼，就是猫鬼。这是因为人们认为猫有某种神灵，死后能摄生人的魂魄，人死为人鬼，那么猫死就该称为猫鬼。传说猫鬼常常作怪，甚至能杀人，所以许多江湖骗子都借猫鬼之名谋财。他们有的将猫弄得奇形怪状藏于人家某处，然后再上门声称能捉妖除鬼，将“怪猫”取出杀死就算显完神通了；还有的骗子干脆就将人家养的猫说成是作祟的猫鬼，画几道符，念几句咒，将人家的猫杀死，再索要酬资。有的江湖骗子，竟然以猫鬼的名义杀人取财。

其实，无论哪一种鬼都是人为制造出来的，声称见鬼的人不是有意行骗，就是疑心生暗鬼。

明朝凌濛初说过一个故事：元代沔州（今陕西省勉县）有一姓铁的人，娶妻狄氏；有一朋友姓胡，与狄氏私通。一日，铁某卧病，起床不得，胡某从他床前走过，被铁某看见了，铁某问：“胡某如何在里头走出来？”狄氏和使婢都说没有，铁某以为自己病眼模糊，见了鬼了。狄氏将计就计，让胡某弄些颜色涂蓝面孔，将鬓发染红了，用棉裹了两只脚使走路无声，故意在铁某面前直冲而出。铁某此时是病虚之人，一见大惊，喊道：“有鬼！”自此再不疑胡某。

很多人都声称看见过鬼，其实大多数人是在精神恍惚、神志不清、心理恐惧时产生的幻想。

《荀子·解蔽》中说过一个涓蜀梁怕鬼的故事，涓蜀梁有一次月夜走路，低头看见了自己的影子，以为是犬鬼，抬头看见了自己的头发，又以为是厉鬼，吓得转身拼命往回跑，等回到家中竟气绝而死。正因为有许多这样疑心生暗鬼之人，才使许多江湖骗子有机会能够兴风作浪。

妖怪、妖精的种类更多，因而“造妖术”更是花样繁多。比较常见的有“放蛇鳝收蛇妖”之术，就是见谁家有人生病或是有其他怪灾之事，便上门声言是妖怪所致，并自称可以降妖除灾。到时候装模作样地挥一番木剑、画一画符箓，大喝一声“妖怪在此”，将事先放在主人院中树洞等地的蛇鳝捉出，便大功告成，收钱而去。

清末一个秀才，名叫李绍禹，他有一次被困在旅途，已无归家之资。适闻城内有一姓方的富户，家中有一女患癫疯病，久治未愈，他家贴出告示，愿重金求治。绍禹及其同伴一人窃议前往应治，想得到酬金。到了富户家，自陈自己善于仙术，能收妖驱魔，愿意治女子之病。富户家殷勤招待，李说要先服符水，观察数日，定期收妖。回来后与同伴一商量，仿照江湖骗子常用的骗术，捉了一条鳝鱼用绳系放在富户家附近一棵树心已空的麻柳树之内。第二天傍晚时分，他先拿符水给病人饮下，然后和同伴一个执刀，一个执叉，走到树旁闭目念咒，并以刀直指树身，厉声呼道：“妖即在此！”同伴用手伸入树洞，要把鳝拉出，不料拉出半截大蛇。

二人大惊，但众目睽睽之下只好拉出来，刀叉并举，将蛇砍为数段。原来树洞中栖有一蛇，鳝被蛇吞，而蛇又为绳所系。事后二人后怕不已，心惊肉跳、夜不能寐，次日索得酬金，便匆匆离去。

比较常见的还有“放黄仙、收黄仙”之术，黄仙是对黄鼠狼的尊称，民间传说它是一种能迷惑人，使人失去理智的动物，在我国北方，特别是东北，至今尚有供奉黄仙的风俗。装神弄鬼的道士、巫师等，常把死的黄鼠狼放在某家，然后装模作样做许多法事，请出黄仙的尸体，说它已离去升天成仙了，不再为害。

类似的方法还有送狐仙、花妖、柳妖、扫地怪等，其过程也是大同小异。还有的江湖骗子干脆就空手套白狼，手执一把桃木剑掐诀念咒、装模作样地折腾一番，便索要酬劳，说是鬼已收取。至于收的什么鬼，大概只有鬼知道。

在“弄鬼”之外，还有“装神”。

巾门骗子所装的神，大多是一些凶神，一些让人们恐惧害怕的神灵，比如河伯之类的恶龙。河伯掌管水域，一旦河水泛滥，或是久旱无雨，巫师等便说是河伯发怒，需要祭祀，借机大发其财。

《史记·滑稽列传》中记载的“西门豹治邺”的故事，就是这方面最好实例。西门豹初到邺地（今河北省临漳一带），对于邺地官吏与巫婆勾结玩弄为河伯娶妇的残忍把戏极为愤慨，但他不露声色，以便“以其人之道，还治其人之身”。说巫婆和河伯熟悉，让她们去通知河伯，重新为河伯娶一个漂亮媳妇，借机把大小巫婆都扔到河里。于是，官吏、巫师跪地求饶，丑态百出。

清代蒲松龄《聊斋志异》中有个关于“青蛙神”的故事：在长江、汉水一带，民间多信奉青蛙神，“祠中蛙不知几百千万，有大如笼者”。如果有人触犯了神，家中就会有异兆：青蛙跳到桌子上、床上，爬来爬去，有的甚至爬到滑溜溜的墙壁上却掉不下来。一旦出现这样的状况，大家就会陷入惶恐，担心有凶事发生，只好赶紧宰杀牲畜，到祠堂里祷告，“神喜而已”。

巫师自谓能察神嗔喜，蛙神常托他们代言，因而蛙神是喜是怒，祭祀到什么时候才“神喜而已”，只能由巫师来告知了。

五通神、瘟神、大脚仙，这些也是人们既恨又怕的神灵，要是他们在谁家“显灵”，谁家必须破财才能免灾。这些神中，大脚仙在民间“显灵”的次数比较多，因为他的大脚，总是把印迹留下来，让人们知道他来了，要想请走就难了。

是谁把脚迹印到人家门上的呢？当然又是巫觋（xí）方士。他们先把大脚印留在人家的门上，然后放风说是大脚仙显灵了，如不请走，就会祸及其家了。在让这些巫觋方士请神离开的过程中，又会别生鬼怪。有一个让“大脚仙离去”的骗局最能说明问题：巫师先让主人用米粮塑成一大脚仙模样，又要送他一些钱，他才开始送神。

那么，请“大脚仙”到哪里呢？送到东面，东面的人忙筹钱粮，央求他们请“仙”到别处去，如此数次，南、西、北方的人也都要破财，才能免得这恶仙到他们那里去。最后，巫师口里念念有词：“大脚仙，大脚仙，请到我家显神通。”然后带着面米塑成的“大脚仙”凯旋了。当然，这类骗术不可以在一处重复使用，需要经常流动行骗，且要有当地的骗子做介绍人来配合行骗。

假托神意，败坏人伦

宗教皆以禁欲为特征，这确是不合理的。但那些披着袈裟、道袍，实际上肆无忌惮纵欲的假和尚、假道士，却是名副其实的江湖大骗子。如清代艾衲居士所说：

> 世人迷于前生报应之说，故强盗凶徒执刀夺人财物，曰：“你前世少我债负，我今来讨。”或恃势逼人之奸，或巧言诱人之淫，曰：“我与你前有宿缘，今世所以遇我。”其他种种恶积，皆可以借口前生为解。

有的和尚谎称：“行道行淫，无妨成佛。”许多骗子打着佛教的旗号欺骗信教的女子与之交合，借此宣淫。密宗的一些教义，竟把男女交合说成是修炼成佛的一种方法。元顺帝妥懽帖睦尔受僧人所惑，把喇嘛僧人请到宫中，教习“房中术”，“广取众妇，唯淫戏是乐”，竟然还宣称在“修炼成佛”。还有的僧人道士，借神佛之事诱奸妇女，往往使富室良家妇女每被奸淫，甘丧廉耻而隐昧终身。

陈愧《闻见漫录》记载，明代嘉兴府有一精严寺，寺内造一大殿，塑修佛像，但佛像却是一个暗道机关，和尚们把这座佛像造得腹内中空，有一暗道直通信房。然后四处放风，说这佛殿为送子娘娘显灵之处，“无子之妇，在殿中宿以丐佛，灵则生子”，然后将在佛殿借宿的妇人独自锁在屋里，半夜通过暗道来到殿内，诈称为佛，与妇女发生关系。

清代陈康祺《郎潜纪闻》记载，当时苏州治平寺有二十二所僧房，借敬佛为名“造密室藏妇女，恣意淫纵”。乾隆二十四年（1759），苏州巡抚陈文恭“密掩捕之，搜获妇女四人，并衣衾具无算”。事发后，“并供出被奸妇女二十五人”。

和尚如此，有些道士也借神意、假道术纵欲荒淫。凌濛初《初刻拍案惊奇》中就写了宋代的一个道士借设符箓醮坛，拐骗妇人的故事。宋时开封府有个西山观，观中一个姓黄的道士利用一个寡妇亡夫之际，说：“小道有法术摄召，可以致得尊夫亡魂来与娘子相会。”并说，“魂是空虚的，摄来附在小道身上，便好与娘子同欢乐了。从来我们有这家法术，多少亡魂来附体相会。”

有的骗子假冒神灵，如假冒二郎神、假冒五通神诱奸女性。有的神棍经过周密计划，头戴假面，化装成神鬼模样，将妇人骗拐至庙里，奸淫后再卖到别处。

《二刻拍案惊奇》卷五中有一段描写，反映的就是这种骗拐伎俩：一女子被拐至一所古庙，“旁边鬼卒十余个各持兵杖夹立，中间坐着一位神道，面阔尺余，须髯满颏，目光如炬，肩膀摇动，像个活的一般……神道开口大言道，你休得惊怕，我与汝有夙缘，故使神力摄你至此”。用这类奸计，他们不知奸骗多少女子。这些并非凭空捏造，而是有一定事实根据的。

假托天意，妄作预测

本来，无论是道教、佛教，其教义皆有使人向善的宗旨。但江湖骗子却一味以赚人钱财为目的，自诩通晓天意，对人的前程妄做预测，说这个可以做皇帝，那个可以升王侯；这个是真命天子，那个是日后皇妃，使得一干愚人真的相信他们的鬼话。以至于有的人相信自己是“真命天子”，刚网罗几个人便封官许愿，册封起丞相、军师、三宫六院来了。一干愚人演出的荒唐戏着实可笑，但江湖骗子更是难辞其咎。还有一些皇亲国戚、王侯将相，受自命有法术的江湖骗子蛊惑，密谋反叛觊觎神器，酿成了一次又一次宫廷政变和国家内乱。

唐穆宗年间，一个自吹精通法术的名叫苏玄明的卜者，为一个叫张韶的人占卜，说张能做皇帝，告诉他：“咱俩以后可以坐在皇帝的宝座上喝酒、吃饭。”还说，“今主上昼夜游猎，多不在宫中，大事可图也。”

张韶受其鼓动，纠集 100 多名无赖，“匿兵于紫草车，载之于银台门，同夜作乱。未达所诣，有疑其重载而诘之者，韶急，即杀诘者，与其徒易服挥兵，大呼趣禁庭……”会康艺全与右军兵马使尚国忠率领兵马，一起灭掉了张韶、苏玄明和他们召集的百名无赖，死者狼藉。

纠集了百余人的武装就想做皇帝，真是一场闹剧。

历史上有一个著名典故叫“罗平妖鸟”，说的是唐末五代时一个叫董昌的越州官吏，昏庸寡断，身边聚集了许多术士巫师。王温、韩媪等巫师，屡用鬼神之事煽惑董昌，献给他鸟兽图案作符瑞。

偏将倪德儒也煽风点火，对董昌说，《越州笔记》中记载，有一种罗平鸟能主越人祸福，中和年间，该鸟曾在吴越一带出现，有四只眼，三只脚，百姓纷纷向罗平鸟祈祷，以求避祸免灾。而董昌的署名就与罗平鸟的形状相类，并立即出示鸟图给他看。董昌高兴异常，不久就在越州自称皇帝，国号大越罗平。结果他只过了几天皇帝瘾就兵败被杀了。留下一个“罗平妖鸟”的典故让人们嘲笑他的愚昧。

还有一位官员，也因受江湖术士的迷惑而丢了性命。此人姓范名延光，是五代时唐庄宗、唐明宗时的封疆大臣，战功卓著，地位显赫。有一日，范延光梦一大蛇，自脐入腹。门下有一术士张生对他说：“蛇者龙也，入腹为帝王之兆明矣。”于是范延光便有了抢夺皇位的野心。后来牙校孙锐想造反，勾结范延光。“延光亦惑于术者，因而听之。”只是叛兵很快被消灭，范延光又投降了后唐。终落入水中而死。

后果岂止耗费金银，像这样迷惑于妖人妖法，严重者会使位高权重者迷失，误国误民。在这方面，最典型的例子就是宋徽宗了。宣和七年（1125）秋，金兵南渡黄河，宋徽宗还在派遣使者押解道士刘知常所炼的所谓“神霄宝轮”仙物，去各地宫观，宣称可以镇四方兵灾。金兵兵临城下，被围困于汴梁（今河南省开封市）的宋徽宗仍迷信方士郭京“能六甲法，可以生擒金二帅”。

郭京本就是一个江湖骗子，他自吹能驱使神兵破金兵。得到许多封赏后，他搜罗了一批城里的无赖流氓，组成了一支所谓六丁六甲的神兵队伍，说是天神佑助，定会一战退敌。结果是不仅神兵死亡无数，连国都也拱手让给了敌人。

假作扶鸾，妄称降神

这种迷信活动，旨在请来“神仙”，而“鸾”是神话传说中的一种神鸟，是神仙常坐的“坐骑”，故称扶鸾。扶鸾又称扶乩（jī），就是在架子上吊一根棍儿，两人扶架，棍在沙盘上画出字来。但神仙是不屑（其实是不能）亲手书写的，所以要通过人来书写。

据宋洪迈《夷坚志》记载，南宋之前的扶乩是“但以箕插笔，使两人扶之，或书字于沙中，不过如是”。这里所说的“箕”多指圆形竹编物，如簸箕、饭箕、竹筛之类。当时的人们把它作为扶乩游戏的主要工具，在其下面插上一支笔在沙土上写字。扶乩成为一种封建迷信活动，是从与鬼神攀上了关系之后开始的。职业扶乩人经过严格训练，能闭眼在沙盘上写字，假作神语。

扶乩术曾被吹嘘得神乎其神。扶乩术出现在南北朝时，只请一个称作紫姑的神。南朝宋刘敬叔的《异苑》载：世间有位紫姑神，古来相传是李景的妾室，为正室所忌妒，“每以秽事相次役”，使孱弱的紫姑最终劳死在厕所中，死的那天是正月十五日。原本扶乩降神请紫姑要在正月十五日进行，因为她是在此夜死而后成仙的，但江湖术士则把本属民俗活动的扶乩，用来占卜人事吉凶，而且根本不讲究时间、地点，只要有需要，就把紫姑的名义打出来，以此骗人。

南北朝以后，所请的神越来越多，大都是为市井百姓所熟知的神仙，如关公、济公、吕洞宾、何仙姑……但扶乩本是利用人们心中对于神仙的尊敬，来操纵人心。

历史上以扶乩术行骗的实例很多。明世宗年间，有个扶乩术士叫蓝道行。他本为道士，后被迷信道教的明世宗召入宫中，专门为明世宗扶乩决疑。开始时，他的扶乩令皇帝很不满意，因为皇帝所问之事，事先写在纸上，是什么他都不知道，所以答非所问。后来这个江湖骗子给主管此事的宦官送上一份厚礼，此后皇帝的心事，“乩仙”就能顺利解答了，由此蓝道行深得皇帝宠信，声名大噪。

清乾隆年间，京师发生过一起妇女携财逃跑的拐骗案。这妇女原是一大户人家的奴仆之妻。事发后多方搜寻，踪影全无。其主人到扶乩之家去问“乩仙”，术士为他请的“乩仙”判道：“你前生曾以财诱人，占其妻，霸其业，今世你们又相逢，那人于是诱骗你家妇女，窃你家财物，这是因果报应，追是追不到的，不如就此罢手。”后来有人告诉主人，这个扶乩的人经常和一些江湖骗子往来，也许是合谋骗人。主人派人跟踪，到了晚上，那个术士来到一僻巷人家。跟踪者登上屋顶，看到院内一些人在饮酒，果然，那个逃跑的妇女也在其中。

在长期行骗生涯中，扶乩术士们都练就了几手避实就虚的把戏，用一些方法来避开他不能回答的问题。

一说“明当奉告”。有些事，扶乩术士实在没有办法回答了，便以所请的乩仙的口气，在沙盘写下这四个字。既然是“明当奉告”，来求扶乩的人自然明天还要来送一次钱，再者骗子们也好尾随侦察一番。试想，要是真有乩仙，应是无所不能的，又何必等到第二天才奉告呢？

二说“乩仙不在”。如果所问的问题无法回答，扶乩术士就说他能请的乩仙不在家，有的甚至中间就逃跑了。

清初，在北京有一叫吴云岩的扶乩人能请来全真七子之一的丘处机丘真人（元朝人），有人问：“《西游记》真是大仙写来宣讲金丹真谛的吗？”乩笔批道：“当然。”此人又问：“既是大仙所写，那其书一定写于元初，可书中的锦衣卫、司礼监、东城兵马司、大学士、中书科，都是明朝制度，元代并无此设置，是什么道理？”

只见乩笔凝立不动，再问，笔仍不动，扶乩术士曰：“真人游方去了。”

这是因为，《西游记》的作者在民国以前并无定论，许多人以为《西游记》是丘处机写的，但很显然，问此话的清代人已经不相信是丘处机的作品，而且所提的驳论论据都切中要害，致使“乩仙”下不来台，只好遁逃。

魔术也可以骗人

江湖骗子们还常常以一些障眼魔术蒙蔽世俗愚昧之人。

隋炀帝之时，有一个有名的江湖骗子叫宋子贤，他擅长幻术，自称弥勒佛转世，召集了一大批信徒。后来竟然举兵谋反，事泄被杀，一起被杀的还有很多人，他们大都是为宋的幻术所骗。

《旧唐书·张果传》有这样的记载：唐玄宗即位后，亲自访求仙药，后来张果入朝，他能将黑牙齿全部敲掉而长出白牙。唐玄宗为张果的幻术所迷惑，想把玉真公主嫁给他。张果不肯奉诏，唐玄宗又为他建了栖霞观，让他隐居。

罗公远能折取竹枝化作七宝如意，叶法善能玩隐身之术，这些把戏使唐玄宗惊诧不已，视他们为异人，对他们宠爱有加，赏赐甚厚。

宋徽宗时，有一个有名的江湖骗子叫林灵素，也是凭幻术等法术而发迹的。他本是僧人，后又做了道士。他擅长幻术，为人机敏，特别能吹牛。他在徽宗面前自吹能“上知天上，中识人间，下知地府等事”。他懂一些惊奇诡秘的幻术，又会讨好皇帝，把徽宗说成是“神霄玉清王”转世，把当时的权臣蔡京、童贯等说成是神霄府的仙伯、仙吏，把徽宗宠爱的贵妃刘氏说成是“九华王真安妃”，自己则是神霄府仙卿，降临人间辅佐帝君的。

这番胡说，使得皇帝大悦，封其为“玄妙先生”，赏赐不计其数，又在皇宫附近建上清符箓宫让他居住。后来由于这位“仙卿”太过跋扈，竟与太子争道而被贬斥，病死家乡。

游走江湖的骗子们，也常用一些小魔术来骗人。其中，最常用的就是“火符子”和“水符子”两种骗术。近人连阔如的《江湖丛谈》中说：明清以来的江湖骗子，用碱水在毛边纸上写上字，因碱与毛边纸发生化学变化，纸上就显出红字，然后便谎称是“神仙降旨”，这是一种“水符子”；还有一种“水符子”是用人奶或明矾水在纸上画符箓，置于水中使其显现，说是“神仙显灵”，其实都是玩弄一些化学游戏。所谓“火符子”也和上述情况类似，符是用硫黄等制成的，燃烧时会因化学反应，出现一些奇特的现象，骗子们便借题发挥，神乎其技。

几乎每个会捉“妖”的巫师都懂这样一手，将碱溶液涂在刀剑上，再在毛边纸上画捉鬼符，此时只要用刀剑一砍符纸，切口处必有红色，其实这只是一种正常的化学反应而已，但假托幻术的骗子们却说那是杀鬼流出的血。既然杀了鬼，自然要付酬金了。

还有一种魔术是借助磁石来制造种种神秘的效果，如当年汉朝的栾大就以这类魔术骗过汉武帝，他用磁石磨过的围棋子在棋盘上斗棋，棋子便自相触及，使汉武帝认为他有神法，封官赏金。以后的许多江湖术士也常用此法，诈骗名利。

以上这些把戏其实都是幻术。对此揭露得最为淋漓尽致的，要数从方士阵营内部杀出来的储咏了。他是明代初叶人，原来笃信法术，也学会了不少方术把戏，清楚其中的奥妙。他反戈一击，以切身体会，指出诸如“月中移影”“咒水自沸”“咒枣烟起”“水化香钱”“木马自走”“纸人自舞”等法术，都是“非药即术”的把戏。像“木马自走”“纸人自舞”，就是利用磁吸原理，在木马和纸人上放铁物，再用磁石吸引，使之看上去好像是木马、纸人在自己走动。

清初著名学者方以智，以物理学知识分析了各种方术的原理，揭穿了方士骗人钱财的把戏。可惜的是，古时人们缺乏科学知识，不懂其中道理，使得江湖骗子经常诡计得逞。误信幻术者轻则损财，重则丧命。

所谓“天意”，都是骗局——谶纬术

《水浒传》第一回“洪太尉误走妖魔”中，说了这样一个故事：宋仁宗嘉祐年间，天下瘟疫流行，太尉洪信奉旨前往江西信州龙虎山，宣请张天师进京，施用法术，消除瘟疫。洪太尉在参观龙虎山伏魔殿时，只见殿门用大锁锁着，锁上交叉贴着盖有朱印的数十道封皮，虽然住持真人说里面锁着魔君，不能打开，但洪太尉执意要进去。进到里面，只见中央有一个石碑，碑石正面龙章凤篆，天书符箓，谁都看不懂；其后凿有“遇洪而开”四个大字。

洪太尉大喜道：“你看，这不是叫我打开看吗？”洪太尉命人放倒石碑，掘开石碑下面一块大青石板，露出一个地穴，只听穴内一声巨响，一道黑气从穴里冲出，直上天空，化作百十道金光，四散而去。地府中镇锁的一百单八魔君因此走脱，后均成为梁山好汉。

这里石碑上“遇洪而开”，是一句谶语，预言伏魔的石碑何时打开，此时果被验证。什么是谶呢？汉代许慎《说文解字》中说："谶，验也，从言。"就是说，谶的本义是应验，是预言未来的语言和符号，就是东汉张衡所说的"立言于前，有征于后"，其实谶就是假托神灵的预言。谶有许多种形式，有以书的形式出现的，叫谶书；有以字的形式出现的，叫字谶；也有以诗的形式出现的，叫诗谶；还有以图画的形式出现的，叫图谶。谶纬术中的"纬"，是和经相对而得名的，是假托神意解释经的书。

"经"主要是指儒家正统经典，"纬"则是用神秘的方式来对经典进行释义。汉代刘熙《释名》中说："纬，围也。反复围绕以成经也。"苏舆补充说："今所传《易纬》《诗纬》诸书，可得其大概，故云反复围绕以成经。"

可见纬是对儒家经书的解释，纬书则是解释儒家经书的书。纬书一般是假托孔子或弟子之名，以天人感应、阴阳五行等方式来解读经典。其具体内容也很丰富。

一是祥瑞与灾异。作为政治兴衰的晴雨表，祥瑞和灾异的哲学基础是天人感应，正如汉代大儒董仲舒所言，"美事召美类，恶事召恶类，类之相应而起也"。谶纬文献中充斥着各种各样的政治神话叙事。

二是感生与受命。从文化人类学的角度解释，感生是母系社会时期婚育状况的反映，因为当时的人们只知其母而不知其父。《诗经》中的《大雅·生民》和《商颂·玄鸟》便是这种远古神话的诗化表达，它们也成为后世新造感生神话的经典依据。纬书中的帝王感生叙事大都属于同一类型，其目的也是将这些帝王纳入一个共同的谱系，赋予他们“君权神授”的终极权威。

三是纬书的神话与仙话。纬书中除周弃和商契的感生神话外，尚保存着其他神话学资料，如开天辟地神话。仙话是神话的变种，在战国中晚期开始萌生，著名的《穆天子传》便是仙话的先导。到了秦汉时期，求仙成为最为人津津乐道的话题。在纬书中，也有许多关于长生以及仙人活动的记载，如关于不死药的记载，等等。

四是孔子对于纬书来说具有非凡的意义。没有孔子，纬书便失去了存在的理据和价值，所以纬书中关于孔子及其门徒的记载非常丰富。特别是关于孔子的出生，有纬书说孔子是母亲在梦中“感天而生”，说孔子是黑龙的儿子。《春秋演孔图》就是一部典型的纬书，其中有许多神化孔子的故事。比如，描写孔子的外形，说：“孔子长十尺，大九围，坐如蹲龙，立如牵牛。”

另外，纬书是经书的辅助，因而纬在社会上的地位较高。纬的种类有很多，明清间孙瑴所编的《古微书》，是纬书集汇，辑有十种纬书，包括《尚书纬》《春秋纬》《易纬》《礼纬》《乐纬》《诗纬》《论语纬》《孝经纬》《河图纬》《洛书纬》等。无论哪一种纬书，都是在经典中寻找人们行为的天意证明，这种用神学观点来附会经书的方术，就叫纬术。

谶和纬的意义虽有不同，但有十分浓厚的宗教神秘色彩，也是天命论和方术的合流。

早在春秋战国时期，就出现过赵谶、秦谶。秦始皇时期，谶纬术在燕齐方士中颇为流行。如燕人卢生为秦始皇入海求药后返回，为秦始皇献上“亡秦者胡也”的谶语。秦始皇将此语的“胡”理解为“胡人”(匈奴)，于是派大将蒙恬率兵30万北攻匈奴，筑万里长城。后来秦朝在秦二世胡亥手中亡国，术士们又说“胡”本来指的是胡亥(《史记·秦始皇本纪》)。

见诸史籍的谶语很多。比较有名的还有“楚虽三户，亡秦必楚”。《史记·项羽本纪》中说这是战国时阴阳家南公所作，它反映的是楚人对秦始皇的仇恨，也反映了人们早就懂得利用这种形式来号召百姓。

像陈胜、吴广起事时所利用的“鱼腹丹书”之术，也是这样的策略。将丹书置于鱼腹之中，预言陈胜将称王，其实这预言完全是陈胜自己伪造的。

谶纬术的迷信本质也注定它必然为封建神学所利用。像汉高祖刘邦，本是一平民，出身贫寒，不是什么世家贵族，但在封建王室利用谶纬创造出的说法中，刘邦是尧的后代，还说刘氏建立汉朝是上应天命。

《春秋纬握诚图》中说，刘邦的祖母“梦赤鸟如龙，戏己，生执嘉”，也就是说，刘邦的父亲是由一只红色的像龙一样的鸟和刘邦的祖母所生。

在很多纬书中，不仅造出刘邦父母名号，还有上应天命的神话。其实正如清代陈康祺所说，古时候帝王的姓氏、名号，都是“上应国谶”。

儒学原本是通俗的政治伦理学说，从秦汉开始，也带上了神秘的色彩。这和秦始皇、汉高祖、汉武帝对儒生的态度有直接关系。秦始皇焚书坑儒，使许多儒生被迫流落江湖，寻找新的谋生手段。直到汉初，儒生依然受到轻视。汉高祖刘邦就极不喜欢儒生，对儒生经常大肆污辱。

历史上有一著名典故，叫“高阳酒徒”，说刘邦在反秦起事后，高阳人郦食其求见刘邦，刘邦听卫兵说来人像个大儒，就说：“我正在夺天下，没空见大儒。”郦食其按剑瞪眼大喊自己不是大儒，而是一个酒徒，这时刘邦就客气多了，立即请这位豪放不羁的江湖壮士进帐。你想，刘邦宁见酒鬼也不见儒生，儒生走到这样一步田地，也只好学点别的“实用之术”了。

有一件事很能说明这种转变。《汉书·夏侯胜传》中记载，汉元帝时，儒学泰斗夏侯胜向前废帝昌邑王上奏折说，最近有人阴谋造反，应多留心。大将军霍光当时正在密议政变之事，他以为自己的密谋被发现了，着手调查是谁泄露了机密，最后查到了夏侯胜的头上。当他试探夏侯胜时，夏侯胜说他是读了书经中的一篇文章，根据文中所记预测出来的。无论夏侯胜是真的预测，还是事先知道消息，总之儒学在当时人们的眼中也突然具有了神秘的色彩。连霍光这样的权臣也不得不重视夏侯胜，于是让他负责教育幼小的皇子们，为皇子们将来掌握朝政做准备。

儒学，就这样从当初平实的政治伦理之学变为高深莫测的预言之学而风靡了整个宫廷。许多儒家的著作也纷纷被歪曲和附会为预测的宝典。如《周易》，本是一部千古奇书，它包含朴素和丰富的辩证法，孔子等早期儒者解《易》的态度一直是“善为《易》者不占”，也就是真正研究《易》的人根本不会用占卜来忽悠人。秦汉之时的儒生和江湖术士，却用它来随意预测人生的吉凶祸福，胡乱解释国家的政治前途，背离了《易》的初衷。

汉元帝时一位名叫京房的儒者，原在民间占卜，后来被召入宫中，成为皇室顾问，可谓显赫至极。明眼人一看便知，京房之显赫，与其说得益于儒学，毋宁说得益于江湖之术。

其实，被歪曲和穿凿附会的岂止《周易》，儒家的其他经典如《诗》《书》《礼》《春秋》等，也都被汉代的神学家和方士们用神学的观点赋予了神秘的含义，形成了汉代的谶纬术。儒生、方士和一些势利之徒，大量伪造图谶，以求谋得一官半职。

汉成帝时，黄河泛滥，王延世与汉史（官职）勾通，当上了治理河堤工程的长官。他是怎样“上位”的呢？成帝笃信谶纬之术，凡事皆由汉史根据图谶来决定，所以汉史与王延世先通声气，翻开图谶来推详，说王延世要继承大禹业绩，在资阳坝当“河堤使者”，就这样成了高官。有心之人利用国谶，竟然可以这样一步登天。

汉哀帝时，夏贺良根据谶纬，劝皇帝改换年号，以应天命。类似以谶纬为根据改元换号以应天命之事，在汉代史不绝书。很多皇帝都相信这样真的可以延长王朝寿命，甚至可以使江山永固。

利用谶纬之术最多、最无耻的应数王莽了。他在篡夺刘氏江山的过程中，经常利用谶纬术，为自己当皇帝制造舆论。据《汉书》记载，在孺子婴成为皇帝的那个月，有人上奏，地方在淘洗水井的时候发现一块上圆下方的洁白玉石，上面用红字写着“告安汉公莽为皇帝”之类的字句，显然这是骗人之术，符命之说由此泛滥。王莽还让人编织了各种与此有关的预言。

当了三年的摄皇帝，王莽还觉得不过瘾，于是故技重施。这时候又有人上奏，临淄有位亭长多次梦见“天公使者”，这位使者说：“摄皇帝当作真皇帝，如若不信，亭中会出现新井，自为凭证。”第二天，这个亭长果然发现了一口入地百尺的深井。

哈哈，天意不可违！王莽就顺水推舟，在高祖庙中接受了“禅让”，定国号为“新”，以应天意。

再举一例，《汉书·王莽传上》记载：梓潼人哀章在长安求学，特别喜欢吹牛。在王莽当上摄皇帝之后，他做了个铜柜子，写了两个题笺，一个写：“天帝行玺金匮图。”另一个写：“赤帝玺某传予黄帝金策书。”

所谓“某”，指的是汉高祖刘邦的名。书中说王莽为真天子，皇太后应该领受天命。文书中还写了王莽的八个大臣，

"章因自窜姓名"，也就是说哀章把自己的名字也塞进去了，一共写了十一人，都署上官衔和爵位，作为王莽的辅佐大臣。然后，哀章把铜柜子拿到高祖庙，交给官员。

戊辰日，莽至高祖庙拜受金匮神禅，"御王冠，谒太后，还坐未央宫前殿"，下诏书说：我虽然德行浅薄，但我是黄帝的后代，虞舜子孙，还是太皇太后的亲属。皇天上帝让我接班，"符契、图文、金匮策书，神明诏告"。高祖皇帝也让我接位，我是"承天命，传国金策之书"。我心中无比敬畏，不敢不接受。我要挑个吉日，戴上皇冠，登上天子宝座，定国号叫"新"。除此之外，我还要"改正朔，易服色，变牺牲，殊徽帜，异器制"（改变历法，改变车马、服饰的颜色，改变供祭祀用的牲畜的毛色，改变旌旗，改变用器制度）。后来王莽真当上了皇帝，哀章被封为"美新公"。

哀章这个江湖骗子的骗术并不高明，他只是伪造了赤帝刘邦传位于王莽的谶语，就能成功地骗得高官，一是他迎合了王莽想当皇帝的心理，二是他不只在文书中写他自己，还写了其他十个人，自然有人极力拥护。像这种江湖骗子竟然凭伪造的丹书就得到了"美新公"的高官，岂能无人效尤？也许是伪造者尝到的甜头太诱人了，竟然有一个胆大包天的骗子甄寻，也伪造出这样的符命，说："故汉代平帝后黄皇室主，为寻之妻。"意思是符命上说汉平帝的皇后，王莽的女儿，应是他甄寻的妻子。

结果这下可惹恼了王莽，一改以往对符命的"虔敬"态度，立即发兵追捕大司空甄丰的儿子甄寻，“寻随方士入华山，岁余捕得”。甄寻虽不是江湖人物，但被追捕时，是随方士入的华山。我们也以此推测，谶语的造作多出于依附权贵的这些江湖骗子之手。

据《后汉书·光武帝纪上》记载，中兴汉室的东汉第一位皇帝刘秀，也多次利用图谶等谶纬之术来灭王莽，兴汉室。光武帝在长安时，他的“同舍生”强华，自关中献“赤伏符”，符上写：“刘秀发兵捕不道，四夷云集龙斗野，四七之际火为主。”刘秀因此得到鼓励。即位之后，便有更多的图谶献上。光武帝也特别相信这些谶纬之术，常常以此决定疑难之事。在这样的背景下，各色江湖骗子和朝野各色人物自然就争先恐后地给光武帝献图谶。

此时的情况是善于附会图谶者得官，反对图谶者遭祸。故有无数江湖骗子大展“宏图”，因献图谶而青云直上。甚至刘秀手下的二十八位谋臣猛将，也得沾余润，被附会成天上的二十八个星宿下凡。

其实，邓禹、耿纯、吴汉、贾复等二十八人，乃是通过种种机缘与刘秀相遇。有的是慕名相随的，有的是迫于形势冒死相投的，有的是曾兵戎相见而后倾心归附的。这些人物都是在王莽政权大乱之时，为了谋求太平盛世时的高官厚禄而投奔刘秀这个明主的。他们辅佐刘秀拓建河北基业，镇压铜马军、赤眉军，荡平关中、陇西、巴蜀的敌对势力，竭尽智谋勇力，立下了汗马功劳。在东汉范晔的《后汉书》中，也多次提到他们，记述他们辅佐刘秀“奋起神勇”的史实。由于当时神秘谶纬之术非常盛行，以至于“中兴二十八将前世以为上应二十八宿”。这样的谶纬之术，非常有利于封建统治者“君权神授”的说法，所以得到统治者的大力提倡。

古代中国最著名的谶语，就是隋唐之时在江湖秘密宗教中传播的一个预言：释迦牟尼涅槃后，世界就会面临苦难，但只要弥勒佛出现，世界就光明了。而弥勒佛随时随地都可能现身救度苦海中人。这个预言一开始在隋唐时形成的弥勒教中传播，后来逐渐成了许多江湖秘密宗教的共同信仰。自称是弥勒佛转世的人数不胜数，其中有反抗封建帝国暴政的江湖豪杰，也不乏欺世盗名的江湖骗子。

有两件事很能证明谶纬术是怎样一回事。王莽认为自己姓王，“三者天地人，连其中者，君主也”。而“刘”则是一个很不好的字，理应被“王”取代。《汉书·王莽传中》记载了王莽这样一段话：

> 今百姓咸言皇天革汉而立新，废刘而兴王。夫“刘”之为字，“卯、金、刀”也。正月刚卯，金刀之利，皆不得行。博谋卿士，众曰：“天人同应，昭然著明，其去刚卯莫以为佩，除刀钱勿以为利，承顺天心，快百姓意。”

上面这段话中，王莽列举了“刘”字的种种坏处：好战、重财，违逆了天地阴阳之义，故而当亡。

《后汉书·光武本纪》中则有这样的说法：

> 王莽篡位，忌恶刘氏，以钱文有金刀，故改为“货泉”。

是说王莽篡位后，一直害怕人们灭王兴刘，他看到西汉时使用的钱币上面的金刀图案，暗含了“刘”字之意，就进行了货币改制，将其改为“货泉”（王莽时代的一种货币）。

同样的事情，到了东汉就被完全翻案了。《春秋汉含孳》这本东汉的纬书说：

> 刘季握卯、会、刀，在轸（zhěn）北，字季，天下服。
>
> 卯在东方，阳所立，仁且明；金在西方，阴所立，义成功。刀居，字成章。刀击秦，枉失东流，水神哭祖龙。

这段话是用阴阳五行来重新解释“刘”字，在这里，“卯”是光明的象征，“金”是国家的基石，还分别代表着仁和义，“刀”也被解释为专门用来击秦的。这样一来，被王莽反复攻击的“刘”字又被神化了。至于说“货泉”那件事，也同样被用拆字的方法，将“泉”拆为“白”“水”，将“货”离合为“眞”（真）“人”。而刘秀正好是在白水这个地方出生的。言下之意是说，王莽将钱名改为“货泉”，实际上是预示刘秀要当皇帝。

这两件事不能不说是煞费苦心，并且充分说明，是汉字的独特结构和不确定性才导致这种情况的，所谓谶语，不过是假托神意玩弄的文字游戏而已。

自汉以后，利用谶纬术的也大有人在，因谶纬而显达的人也为数不少。

清代周亮工《字触》中，记载了这样一个传说：三国时大将司马懿官拜曹魏司空时，曾梦见一白衣使者送他一只金笼子，笼背后有一行“父子从我受重火”的铭文。后来司马炎建立晋朝，术士们说那句“父子从我受重火”就是谶语，“重火”为炎，是说司马炎做皇帝是上应天命。其实这都是江湖术士看清了晋武帝极端迷信的心理，千方百计编造谶纬来邀宠。

南北朝时的梁国将领侯景，权倾朝野，他也想利用谶纬术来证明自己应当皇帝。据《梁书》《南史》等记载，梁豫章王萧栋，在大宝二年（551）八月为侯景所立，到了十月又为侯景所废。侯景对人说，他的姓“侯”字，可拆成三个字，左边是“人”字，右上近似“主”，下近似“天”，这就是说：我应为人主天子。

侯景在位期间大权独揽，为了满足他早登帝位的野心，先是饿死梁武帝，又杀死简文帝，后自立为皇帝。但只半年多，他就被打败，为部将所杀，暴尸于市，士民争相食之，可见人民对他恨之入骨。

唐代张读在笔记小说《宣室志》中，有这样一段关于谶语的记载：唐高宗时，一个老翁上山采药时无意中捡到一块石头，上面刻满了密密麻麻的字。老人把石头献给县令，县令又献给州官，州官又献给朝廷，后来又送给高宗。高宗找来术士，术士神秘地说，这是北朝后魏时寇世谦寇天师手刻的石碑，这寇天师道术精深，能预知天下千百年事。那上面的字就是预示唐朝历史的谶语。

一块石头怎么可能预知千百年的事呢？稍有头脑的人都能看出它的荒诞不经。

明代田汝成在《西湖游览志》中也载有一例，很能说明江湖术士的强词夺理。南宋嘉泰元年（1201），都城杭州发生了火灾。事发后，许多江湖术士都说这是天意，问题就出在“嘉泰”两个字，“嘉”字可拆成“三十一、力口”，“泰”字可拆成“三十二八”[1]，这就暗示在三月二十八日杭州会发生大火，烧掉三十一万人的住处。其实很多谶纬都是诸如这样荒诞的推演。要在事后寻找原因，凭江湖术士的狡智和油嘴，又有什么原因找不出来呢？

“符应”也是谶纬术中重要的一类。符应指天降符瑞以应人事。古人认为，天人是相通的，人有一事，天有一应，尤其对于大德之人，他的出生、死亡，他有什么重要的活动，必然惊动天地万物，诸般祥瑞便连绵而生，所谓“有德者必

1. 此为“泰”古字的写法。

有符”。

和语言的谶纬一样，符应也是征兆在前，出事在后；和语言谶纬不同的是，符应绝大多数是自然物的瑞应，汉字只起辅助解释作用。在先秦，符应之说即已产生，星宿落，大将死；佳卉出，贤人生。最先以符应来行骗的皇帝，还是王莽。据说王莽在当上皇帝之前，他的家乡就符应连连，出现了很多奇妙的自然现象，比如僵柳复起、甘露降、灵芝生。同时，王莽的祖坟也起了变化，传说他的祖墓“墓门梓柱生枝叶之属”。“梓”与“子”乃谐音，梓柱长叶，象征着王家子孙王莽将受命为天子。

《汉书·王莽传》中说，一天，侍御王盱（xū）说他见一人穿着白布单衣，赤缋（huì）方领，戴着一顶小冠，这人对王盱说：“今日天同色，以天下人民属皇帝。”王盱杜撰的符应的意思是，王莽做皇帝是上天的旨意。因为那人穿的是白布单衣，“白布”按测字术是“白为皇字头，巾为帝字尾”，隐晦地表达“皇帝”的意思。

有的干脆直截了当用符应的手段来请官邀禄。《汉书·王莽传》记载，有一个叫李丰的人，制造了一个符应，说自己应该当右臣，王莽竟然真的答应了他。

魏晋之际，司马昭死后，司马炎把曹魏最后一个皇帝曹奂从皇宫中赶了出去，自己登上了皇帝的宝座。司马炎登基的时候，前来祝贺者千千万万，并且相继有人报告说有凤凰、麒麟、青龙、白龙等祥瑞之物出现。自然，这些人都得到了晋武帝的厚奖重用。一时间，巫士、方士等各类江湖骗子云集京都。

宋代的真宗、徽宗皇帝，也极好符瑞。据《宋史·王旦传》记载，宋辽“澶渊之盟”订立后，天官寇准以为自己有功，面有得意之色。时值枢密院事王钦若与寇准有隙，想趁机扳倒寇准。所以跟真宗进言说：“此《春秋》城下之盟，诸侯犹耻之。”

“澶渊之盟”当真是莫大的耻辱吗？真宗悄然变色，问如何才能雪耻。王钦若深知宋真宗不敢再与辽兵开战，于是劝他学古代帝王封禅泰山，制造“祥瑞”，以此“镇服四海，夸示外国”。宋真宗认可了王钦若的建议，在 1007 年演出了三次天书下降的闹剧。

第一次是正月，在左承天门屋南角发现“天书”，大意是说真宗能以至孝至道绍世继位，晓谕他为政要清正廉明，最后讲宋朝世祚延永之意。同年四月，在大内功德阁又有“天书”下降，内容不详。同年六月，被派去泰山的王钦若又奏称：有人在泰山西南灵液亭北，又见有“天书”降落林木之上，将“天书”请来展读，上写：“汝崇孝奉吾，育民广福，锡尔嘉瑞，黎庶咸知。秘守斯言，善解吾意。国祚延永，寿历遐岁。”

接连三次天书下降，闹得朝野轰动，从此四方效法，都来制造“祥瑞”哄皇帝开心。

继真宗之后的宋徽宗，也是一位屡用祥瑞来神化自己统治的皇帝。政和三年（1113），宋徽宗也效法宋真宗，编造了所谓“天神托梦”的神话。他自称梦见老君，告谕他：“汝当宿命，当兴吾教。”同年，宋徽宗和蔡京之子蔡攸同去南郊祭天，两人都称见到了天神。宋徽宗还亲自撰写《天真降临示现记》，记录此次天神降临始末，颁示天下，并在京师建迎真馆恭候天神降临。

这样做的后果是阿谀者越来越多，江湖术士和江湖骗子充斥朝廷，政治日益腐败。到了关键时刻，无论什么“神人”“帝君”也无法拯救他们。宋徽宗还是被金兵掳去，投入地窨（yìn）子“坐井观天”。不知道那个时候，他还记不记得自己曾经是“神霄帝君”。

明代的世宗不仅好求仙药，而且笃好符应。有许多阿谀之官吏、江湖之骗子竞献灵芝、白鹿、白雁、白鹤等象征祥瑞的事物，以求封赏。清代最喜符瑞的是雍正皇帝，于是在位期间来报、来献各类祥瑞的人总是不断。据《清世宗实录》记载，雍正元年（1723），马兰峪总兵呈献顺治帝孝陵长出的蓍草。雍正帝让众臣传视，百官心领神会，都“惊喜赞颂以为奇瑞”。雍正七年（1729），浙江总督奏报归安县民家育桑蚕，有万蚕同织瑞茧一幅，长五尺八寸，宽二尺三寸。这自然是人工制造的，但官员称：“实系自然成就。”雍正十年（1732），山东巡抚岳濬奏：“巨野（今山东省巨野县一带）县民人李恩家牛产瑞麟……遍身皆甲……光彩灿生。”凡此种种，雍正闻之都大喜，为此升官者就有数十人。

在古代中国，类似上述神秘主义的手法，有时确实能够产生一种控制人们思想的奇异力量。为了加强自己的统治，皇帝不仅要掌握现实的权力，而且要控制人的精神和思想。没有一定的威严和神化，皇帝很难长期维持自己的统治。正因为如此，许多皇帝原本不信鬼神，但也会利用符应祥瑞来强化统治。

明太祖朱元璋在成为皇帝之前，多次利用这种方法使自己脱离险境。1354 年，朱元璋在郭子兴军中威名日盛，成为众望所归的人物。郭的两个儿子想用毒酒置他于死地。朱元璋得到了这个消息，赴宴途中与郭子兴的两个儿子边走边谈。突然，朱元璋的坐马跃起，朱元璋也仰天看视半天，装作有所见的样子对二人说："我有什么对不起你们的？刚才空中的神仙告诉我，你们想用酒毒死我。告诉你们，我有神仙保护，你们两个能把我怎样呢？"一番话吓得那二人冷汗直流，再也不敢加害朱元璋了。

朱元璋登基时，也有神话。说是有一天朱元璋梦见自己闲游，在居处之南遇道教之三清神，问神何在，答曰朝天宫。又有几位紫衣道士授他五彩衣，说是"文理真人服"。诸如此类，都是向世人表示，他当皇帝是"受命于天"。

高雅的骗子——雅赚术

所谓雅赚术，是指巾门之人伪装成世外高人，特别是以隐士的身份来行骗的方法。隐士是中国社会一种特有群体。大概没有哪一个国度像中国这样出现过如此数目众多的隐士，更没有这么多的隐士（包括僧道中的人物）介入政治和社会生活。出现这一现象，有多种原因：

第一，真正的隐士身上体现了一种难得的人格和价值，人们出于精神上的仰慕，往往对他们十分敬重。

第二，许多真正的隐士虽落魄于江湖，却总是满腹经纶，胸怀韬略。一旦得其机遇，就会脱颖而出，大展宏图，像姜太公、诸葛亮、刘伯温都是如此。

第三，许多隐士，或炼丹、或学仙、或学禅，总是莫测高深。这些在山为“仙”的“高人”，引起许多“俗人”的仰慕，甚至连达官贵人和皇帝也对他们另眼相看。

第四，隐士得势之后，便有许许多多急功近利的人，改头换面，趋向山林，想以隐逸的做法为世所重，以邀盛名，赚取富贵。当然，其中也有许多有才能的人，为了给自己寻找一个机会，不得不利用一下这类较文雅的江湖之术，像东晋谢安，南朝陶弘景，北宋陈抟、林和靖等名人都利用过此术。

关于隐士的典故有很多。

比如，“北山猿鹤”。这个典故是说南朝齐时，周颙曾在北山，也就是今天南京的钟山隐居，后应召做官了。后来他经过此地时，当时的名士孔稚珪对他不能安心隐居修道，而去追求功名利禄的行为进行了讽刺。

还有个典故叫“山中宰相”。这个典故是说南朝道士陶弘景因为隐居时名气大，被梁武帝召作官吏。后来陶弘景辞官隐居，但梁武帝更信任他，一月之中有数次向他征询，当时世人叫他“山中宰相”。

这些历史名人，不过是利用一下江湖小骗术达到自己的目的而已，我们不能斥之为江湖骗子。然而确有不少利用人们对“世外高人”的景仰来行骗的江湖骗子。他们行骗的方式很是文雅，故被称为“雅赚”。

比如，《续世说》上记载隋代的两个人，就是想欲擒故纵，以隐逸江湖的方式来博取朝中高官。杜淹和韦福嗣是莫逆之交，两个人看到苏威以隐士身份被朝廷征召，身居要职，也想效仿苏威，来个“嘉遁”（隐居），以得到皇帝的恩宠重用。他俩合计一番，一起到太白山中，扬言要隐居，其实却是为了获得名利。结果，偷鸡不成蚀把米，“隋文帝闻而恶之”，把他们贬斥到边远的地方“隐居”去了。

广义地讲，僧人道士也属于隐士之类。一来是由于佛寺道观多建在深山老林；二来是因为他们又称出家之人，是世外之人，方外之士。从唐代开始，修道参禅成为一种时尚，不少道士被皇帝直接征召，入朝为官。因而真心修道参禅做隐士的并不多，假作“嘉遁”被一些人当作为官的捷径。

历史上有一著名的典故叫“终南捷径”，是说唐高宗时有一隐士叫卢藏用，幽州范阳（今北京市西南一带）人，却隐居在靠近京城长安（今陕西省西安市一带）的终南山，目的就是便于结交达官贵人，寻找做官的机会。因唐高宗常常驾临洛阳，卢就在离洛阳不远的少室山找了个隐居地。皇帝的车驾往返于长安、洛阳，卢也随之奔波于终南山、少室山，于是人们讽刺他是“随驾隐士”。唐中宗时，他终于被征召出山，在朝廷里做了官。后来他隐居时的朋友、著名道士司马承桢曾被召入京，卢为他送行，指着终南山对他说：“此山之中大有佳处。”不料这司马承桢是一个不愿为官的真隐士，他语带嘲讽地说：“依我看，那不过是做官的途径而已。”说得卢藏用无地自容，这个假隐士做官后终因依附恶势力被流放而死。

唐代刘禹锡有两句诗道：“翩然一只云中鹤，飞来飞去宰相衙。”讽刺当时一个叫陈眉公的人，他假作隐士，实为求官，所以他根本不怎么在山里隐居，而是经常出没于王公大臣、达官贵人的府第，其行为可说是有辱斯文。其实这样做的岂止卢藏用、陈眉公二人，这是古代中国社会一种普遍现象。

人们对隐士的仰慕也使最高统治者不能漠然视之。如果一个朝廷不能延揽到隐士，甚至会令人对其统治的能力产生怀疑。所以，有的皇帝竟然先让臣子去隐居，然后再把他召回来做大官。

晋代的皇甫希之和桓玄就演出了这样一出闹剧。当时桓玄威逼晋安帝禅位，篡夺了皇位。他又感觉自己新建立的朝代没有隐士不太好，就命令皇甫希之隐居山林，还给他银钱，然后再将他征为著作郎，又让他假意一再推辞，一再征召后才受官。《资治通鉴》对此评价："号曰高士，时人谓之'充隐'。"意思是为了让高人隐士为当时的朝廷增色，竟然找人冒充，假装隐居。

既然隐士有这么大的影响，那么出现一些"雅赚"也就不难理解了。《夜雨秋灯录》记载了清代大画家、大书法家、"扬州八怪"之一——郑板桥的一段趣事。郑板桥成名后，别人让他题字泼墨都会酬以重金。但有一个商人行为卑劣，郑板桥瞧不起他。他多次派人重金相求，郑板桥就是不予理睬。于是商人按照郑板桥的性格精心设置了下面一个骗局：郑板桥最喜欢旅游。一天，他带着书童，背着诗囊画袋，来到郊外无人之地，隐约看到乱坟丛葬之间有一屋角，花柳参差，炊烟袅袅，极像世外高人居住之地。走近一看，是几间小茅屋，建筑精雅，四无邻舍，又无墙垣，小桥流水，一派田园风光。来到门前，更有几副对联表明主人的高雅与风范。一联是：逃出刘伶禅外住；喜向苏髯腹内居。横额：怪叟行窝。又一联是：月白风清此处更容谁卜宅；磷阴焰聚平生喜与鬼为邻。横额：富儿绝迹。

这两副对联，已令郑板桥大为赞赏。再一看这里的院落，是乍添杨柳，新种芭蕉，进得门来一看屋内摆设，是木榻藤枕，琴剑笔墨，墙壁上还有明代江南狂生徐渭的《补天图》……一切都是隐士居处的风貌。顿时，许多关于世外高人的传说，都在郑板桥的脑中闪过，他急切地想见这里的主人。见到一个小童出来，他赶快报上姓名，让他去通报主人。不一会儿，童子从里屋出来，说是主人谢客。直到郑板桥再三请见，主人才头戴东坡（苏轼，号东坡居士）角巾，身着王綦（明时隐士）鹤氅，脚登白香山（白居易，号香山居士）的飞云履，手执拂尘，飘然而来。郑板桥又是施礼，又是稽首，殷勤询问这老叟名姓，答以“怪叟”；又问门上横额“富儿绝迹”是何意，答曰常有富人前来，结果是有的失足坠入溪水，有的被花刺破衣服，还有的刚一坐下就被瓦片击中额头，故此类附庸风雅之徒是近不得此地的。总之，所有的话都搔着郑板桥的痒处，令他心中愈觉这老叟确是一位深不可测的世外高人。

之后，此叟又是献清茶，又是对饮，又是舞剑，又是谈诗。相交月余，只是绝口不谈书画。郑板桥身怀此技，便殷勤要为之作画，一口气作了十余幅，然后一一书款。

那老叟曰："小泉乃是我的字，请题上。"郑板桥感到诧异，说你是这样一位雅人，怎么同一个俗不可耐的商人同号呢？老叟以名字偶然相同来掩饰。其实，这老叟就是那求书画不得的商人。他冒充世外高人赚到了郑板桥的书画十余幅，并且不费一文。

像郑板桥这样的人也会为"雅赚"所骗，至于市民百姓为所谓世外高人所骗者自然就更多了。

还有一种"雅赚术"叫"隔夜算命"。清末民初之时，在四川成都的青羊宫，有一个名声极高的道长，银须鹤发，仙风道骨。每当青羊宫外的迎仙桥附近善男信女比较多的时候，这位道长就会身穿道袍，手提拐杖，腰系葫芦，口内唱着道家仙曲飘然地走过迎仙桥。众人一看，正是典型的"神仙"模样，又是叩头，又是作揖，此时，道长就会把手中的拂尘向空中一指，然后向殿内他的居处"神仙馆"走去，后面跟着一群准备求神问卜的善男信女。神仙馆还真像世外高人的居处，位于当时青羊宫的混元殿边，是一间厢房净室，那里花木扶疏，幽雅肃静。门上有一对联：

舍得钱换得钱，生财有道。

朝求仙暮求仙，祸福无门。

馆前一根柱上挂着一块木板，上面写着一些不易为人识的字，有几个年老的信士轮流解释，大意是：贫道东来瀛海，西去流沙。唯念红尘之劫，无分富贵贫贱；但怀救生之德，专指前程未来……

另有人告知，要见“神仙”（道长）也不难，送大洋十元即可。若不能上知你的三代，下晓你的未来，说明你的目下吉凶，不但分文不取，反而退你二十元。一时间，交钱和神仙结缘者争先恐后。有一个商人，最近生意折本，颇想请神仙指点迷津，赚笔大钱，所以三日前就沐浴净身了，此刻，送过十元钱后，诚惶诚恐，叩头而进。只见道长端坐于净室屋中，双目半睁半闭，仙态十足，口中自语道：“欲知祸福，但要至诚。”

商人赶忙又跪于地上，连连叩头。道长又说：“念尔善心未泯，暂且立在旁边，待贫道问讯。”商人不敢有半字含糊，将姓名、生辰、生意、挫折、想法等一一回答。道长问完后，长笑一声，将手中的拂尘向对面墙边的神龛（kān）一指说：“那边神龛桌下，抽屉之中，有贫道昨夜先书，记有客官身世一纸，自去取看，看后自然明白。”商人到对面神龛的抽屉中，摸出一张黄藤纸，一看上面所记之事，和他方才所言完全一致，另附偈语几句：

舍得凡金感上苍，财源能茂寿尤长。
时奉丁卯须东往，不失玄机福无疆。

商人早已将道长视为神仙，此时又是连连叩首。道长又告诉他丁卯就是后天，让商人退出。

这种隔夜算命的方法，使老道仙名大振，美名远传。后来才知道，这个所谓的神仙、世外高人，其实也是一个江湖骗子。原来，那神龛的抽屉背面有一小缝，缝通隔壁，隔壁坐着一个会写字的人。这边慢问，那边快写，记完之后，将黄纸在烘笼上一烤。字迹马上干燥，立即从缝内悄悄放入抽屉之中，假充昨夜写下的。所谓“隔夜先书”，其实是“隔壁修书”。

古人是如何预测未来的——星相术

所谓“星相术”，是古代中国占星、卜筮、算命、相面、测字等方术的总称。星相术在古代中国一直很受推崇。秦始皇焚毁了诗书百家语，却把卜筮类的书都留了下来；孔夫子四处流浪之时，精通此术的方士邹衍正被诸侯们奉为上宾。在古代，上至达官贵人，下至平民百姓，许多人的行止进退和大小疑难问题，往往取决于星相术士之言。

星相术起源很早，它继承了上古时期早已有之的感召巫术，变化其形式和内容，发展出新的招数。因为到了春秋战国时期，人们需要的不单是永生不死愿望的满足，还需要预测吉凶，逢凶化吉，满足自己的现实愿望。所以，各种各样的预测术在此时相继出现或得到发展。

用最古老的方法探问“天机”

卜筮（shì）是最古的占卜方式。远古时期尚未有文字，求神问卜自然也就无法采用后世的测字、八字等方法，于是卜筮应运而生。所谓“卜”，最初是用火灼龟甲，视其裂纹而定吉凶；所谓“筮”，是从中剖开蓍（shī）草之茎，视其分裂形状而预卜休咎。不过由于蓍草带有季节性，不易随时取用，古人便用草茎和树枝替代，进而又扩展到其他物件。卜筮曾经深刻影响国家施政的活动。夏、商、周、战国、秦汉都有专司卜筮的官职。随着时间的推移，卜筮之术逐渐传入民间，花样繁多，用途也很广。《史记·龟策传》记载它的用途有二十余种，如卜财、卜居、卜天等。在民间的江湖术士手上，它还能卜寿、卜名、卜葬……几乎是无事不能卜。

卜筮的目的是沟通神灵，卜测吉凶。相信神灵，相信命运，是求卜者的共同心理。正是这种心理造就了大批卜筮名家，如周时姜太公、汉时张良、唐时袁天罡、明时刘伯温等。许多民间传说中都把他们卜筮术说得神乎其神。其实，无论是龟甲，还是蓍草，都不是什么神秘的东西，是凶是吉都由人摆布。战国思想家韩非在《韩非子·饰邪》中，早就揭露了这种骗术的虚假，他以战争问卜为例，指出，当初燕赵交兵，两国都用龟筮问吉凶胜败，结果都是大吉。但同样得吉兆的燕国却是兵败，可见“龟筮鬼神，不足举胜；左右背向（占卜的方式，以背、向定吉凶），不足以专战”。然而总有许多人受江湖骗子的蛊惑，把卜筮视为神灵，实是愚昧。

占星术真的科学吗

古人无法解释一些奇异的天文现象，不知天文变化规律，所以迷信占星术。占星术流行，还有一个原因，就是江湖骗子的摇唇鼓舌。太阳的暗淡无光、月食、彗星、流星都被他们说成是一种不祥之兆，现代稍懂天文知识的人都会直斥其非。

有时江湖骗子又把一些天文现象说成是瑞兆，以奉承当权者。如雍正三年（1725）三月初二，发生了日月同升和金、木、水、火、土五星同在地球一侧 45° 范围以内的现象，这种现象几百年才出现一次，占星士们说这是祥瑞，吹嘘为“日月台壁，五星连珠”。雍正皇帝高兴异常，命令史官加以记载，宣告臣民知晓，为此而得封赏者甚多。

其实，无论是占星术，还是和占星术相类似的望云术、望气术、风水术，都是虚幻地把人和一些天文现象、自然现象联系起来，杜撰出二者之间的种种关系。正因为古人一直有“天人相应”的观念，所以这类江湖方术常常给人一种“有理有据”的印象。

占星术对中国古代政治生活影响巨大。比如《三国演义》中就有许多“夜观天象”后决定宫廷政策、军事计划、人事变动的情节。直到今日，依旧有人相信天上一颗星就是地上一个人，一颗星落就是一个人死，这都是受占星术的影响。

算命术：神秘的心理操纵术

算命，是根据人的出生年、月、日、时，按天干地支依次排列成八字，来推断人的祸福寿夭。这种方术，就叫“算命术”。

算命术相传始于战国时的鬼谷子，而实际上是唐人李虚中开创了以年、月、日为基础的干支算命法。五代末年，徐子平增加了以时算命的方法，形成了所谓“四柱八字法”，也就是把与出生的年、月、日、时相配的天干地支各作为一柱，每柱四个字，共计八个字；然后再根据八字所蕴含的阴阳五行进行推算，预测命运。

古人以为八字可以体现人的命运，主宰人的一生；而“运”则管人生各个阶段，“运”也可从生辰八字中推算出。除了推算命运之外，术士们还杜撰了属相相克之说。古人以十二种动物代表地支十二字，即为十二生肖。算命术盛行之后，有人把生肖各动物特性加之于人，以为属虎者必猛，属兔者必弱。如生肖动物难以相处，属这类动物的人就会相克。人们要订婚，更要推算是否宜婚宜嫁。如果两人属相相克，便不宜结婚，如“鸡狗断头婚”“龙虎不相容”“猪猴不到头”“白马怕青牛”之类。这种迷信，不知断送了多少青年的美满婚姻。

算命术形成之后，逐渐蔓延，到明清之时已风行民间。人们婚丧嫁娶，工商谋富，赴考求官，乃至用兵打仗、朝廷决策，多求于此术。清代曹雪芹《红楼梦》中第八十六回有为元妃排八字的描写，吴敬梓《儒林外史》第五十四回也有“病佳人青楼算命”的描写，从中都可看出算命术在明清的流行程度。一来是和社会的发展程度有关，二来也是由江湖骗子的骗术高超诡秘所致。跑江湖的算命先生为了赚钱，也煞费苦心琢磨了不同类型的心理，并整理出一套骗人的秘诀：一套、二哄、三吓。

所谓“套”，就是在询问生辰八字时，根据来算命的人的话进行分析，对对方的心理进行摸底。《上海黑幕》中记载，清代江湖算命先生常用的一种“套”的方法叫“明挑”，就是察言观色，用一些猜测的言语去挑起被算命人的感触，让他无意中露出马脚，然后一语“算中”。还有一种方法叫“硬扛”，就是用非常直率的言辞，刺激算命人的痛处，并用旁敲侧击的方法，观察来算命人的反应，从而套出他的隐情。

所谓“哄”，就是根据不同的对象投其所好，说些美妙的、对方愿意听的话，以诱对方说出实情。这里面有个三字秘诀：赞、攀、叹。

“赞”——对年轻人要赞他将来会有好运，多开些“吉星将高照”“贵人来相助”“过了四十交好运”之类的空头支票，使他们认为自己未来前程似锦而慷慨解囊。对于女子，则要顺着她们的口气，哄得她们高兴。无论问什么，都以满足她们心愿的言语回答，这也是哄中诀窍。小孩都是由家长带去算命的，给小孩算命尽量多说些甜蜜的赞颂之词，如俗语所说："小儿算命须赞夸。"

"攀"——对眼下光景不好的中年人，要说他明年有好运；如明年不好，还可以明年复明年，相延相续。因为运气不好去找算命先生指点迷津，本身就有期待自己走运的愿望，这样说恰是投其所好。

"叹"——对年老的人，要慨叹他以前经历坎坷（谁都认为自己的一生是坎坷的），再说他以后必交好运，多说些"命里寿高""相里福长"之类老人最爱听的话，使其心满意足，自我感觉良好，算命先生的钱袋也就有进项了。

所谓"吓"，是指算命者也不只是说人命好，让人欣喜，有时也说人命坏让人担忧，激发人的恐惧、忧伤、焦虑等负面情绪。人生在世，不顺心事十之八九，生老病死，悲欢离合，可说时时困扰着每个人。算命者深谙此理，常以"恐吓"为一大法宝，比如断言算命者将命犯"扫帚星""奎星""白虎星""小人"之类，然后再指点迷津，说些破解之法以达目的。

大家都熟悉的《水浒传》中梁山军师吴用诓请河北玉麒麟卢俊义入伙时，就采用这种方法："卢俊义道：'……在下今年三十二岁。甲子年、乙丑月、丙寅日、丁卯时。'吴用取出一把铁算子来，搭了一回，拿起算子一拍，大叫一声'怪哉？'卢俊义失惊问他：'贱造主何吉凶？'吴用道：'员外这命，目下不出百日必有血光之灾；家私不能保守，死于刀剑之下。’‘只除非去东南方之地一千里之外，可以免得大难；然亦有惊恐，却无伤大体。’卢俊义道：‘若是免得此难，当以厚报！’”吴用在这里采用的，就是算命先生最常用的“恐吓法”，和那些江湖骗子所不同的只是梁山军师神算子吴用并不图酬金，而是要诓这个河北“玉麒麟”卢俊义入伙梁山。

算命术是一种骗术。中国古代也有许多明智者觉察到了这一点，如宋代费衮《梁溪漫志》、明代庄绰《鸡肋篇》、清代王渔洋《池北偶谈》、清代袁枚《随园随笔》、清代吴炽昌《客窗闲话》中，都曾对算命术提出非议。对此术批驳最有力的是清人周树槐，他在《北学斋文集》中说，天下同一八字者“多者百余，少亦数十人共之，而其所遭异也”。仅此一条理由，就足以令迷信算命术的人清醒了。

相面术

相面，俗称看相，由来已久，它是以人的五官、气色、骨骼、指纹、体态来推断人的寿夭荣辱、吉凶祸福、贵贱贫富的一种迷信活动。据说最早给人看相的，是周代一个名叫叔服的人。春秋时晋国的大夫姑布子卿，战国时梁国的唐举，都以会相面而名闻一时。汉代时，相面术更为广泛流行，并成为一种种类繁多、独特的方术，汉代班超的《汉书·艺文志》中已辑有“相人”二十四卷。唐、宋、明、清之时，相术也很流行。像唐代的袁天罡、宋代的陈抟、明代的袁柳庄都是著名的相师。至于跑江湖的相士，就更无法统计了。

相面者都是一些久历江湖、看人很准的人，自然能够通过仔细观察来者的衣着相貌、精神表情、言谈举止等推测出来人的社会地位、职业和心理状态，从而见风使舵，看人说话。相面的人能从人的面貌上，即从喜、怒、忧、思、悲、恐、惊上分析出来者的情况以及在想什么，有点类似于现在西方的“读心术”。如来者面有菜色，愁眉苦脸，相士便有一番套话：“尊相蛇绞锁口，耳瘦眉垂，明堂昏暗，双目涩滞，先生你长有衣食之忧，而近有难解之愁。定有心事。”然后再给你一些希望：“所幸的是你骨相气正，日后定逢转机，时来运转。”如果是衣着华丽，踌躇满志者，自然又是一番“天庭饱满，地阁方圆”的奉承话，不由你不满心欢喜地掏腰包了。

相士另一种骗人之法就是诱人相信自己。连阔如的《江湖丛谈》中记载了一种相面者沿袭很久的骗术，是准备四层纸，先在各层上写上父母双全、父母不全、兄弟几位、妻室有无等字样。四层纸共八面，有七面写好了字，留下一面随用随写。

如有人相面，则假装在纸上写几个字，然后说：“你不用讲，我便知道你父母是否双全或有无妻室……我已写在纸上，你说出来，看我写得对不对。”当来人说出父母双全或有妻室时，则用身体或其他东西遮挡，翻出符合其说的内容的字条来，使人信服以骗钱。

还有一种方法叫“连环朵”（“朵”是字的意思），是相面的写几个字，然后说是从面相上看出了来人情况，已写在纸上。无论来人所谈的情况如何，他都能用这几个字套上。如“鳏居不能有妻”，六个字可拆开合并用之。如遇丧妻的，他就说：“鳏居，不能有妻。”如果有妻室，他就说：“鳏居不能，有妻。”再如“父母双全不能伤一位”，也是如此。

其实，“人不可貌相”，是一个极平常的道理。《韩非子·显学》中讲了一个“以貌取人，失之子羽”的故事。孔夫子有个学生，叫澹台灭明，字子羽，因为他五官不端正，皮肤粗黑，孔夫子一开始很不喜欢他。结果相处久了之后才知道，子羽是个品学兼优的好学生。听到别人对子羽的赞扬，经过亲自验证，孔子感叹道不能以貌取人，否则就会犯“失之子羽”的错误。

只要稍做分析，就能分析出相术的伪诈来。清代袁枚在《随园随笔》中就揭露了相术的自相矛盾。如相书说重瞳、手垂过膝者等均属贵相。袁枚说：舜重瞳，项羽重瞳，李后主也重瞳，但他们命运不一。刘备垂手过膝而兴，蜀王衍垂手过膝而败。他认为“圣狂吉凶，亦多无定”，人之相貌与吉凶贵贱无关。

为什么很多人认为相术很灵验呢？其实只是碰巧而已。清代的熊伯龙在《贻谷堂文集》中说“夫四乳，文王之相也，得为圣人，位为西伯”，就是说，人们认为有四乳的人，会像周文王姬昌一样，成为圣人和侯王。可是他亲眼见到自己乡里的一个人，“四乳分明，年六旬余而死”。那么为什么有许多相士被称为看相非常灵验呢？熊伯龙认为，哪怕一个完全不懂相术的人，给一百个人看相，总会“瞎猫碰上死耗子”，灵验一两回。这一两回的“成功经历”传出去，大家自然觉得他“善鉴”（看相灵验）。其实，这是一种“幸存者偏差”。

测字术：神奇的文字游戏

测字术在古代中国有着悠久的历史。据说在春秋之时就有人测字。测字又称“拆字”，在隋代叫“破字”，在宋代又称“相字”。它是一种以汉字加减笔画或打乱字体结构，来推断人的吉凶祸福的方术。

清代徐珂在《清稗类钞》中说：拆字，亦作测字，拆则有分拆之意，测则有推测之意，为占法之一种。

《后汉书·伏侯宋蔡冯赵牟韦列传》中有这样的记载：蔡茂梦见自己坐于大殿之中，大殿顶上有一株有三个穗的禾，蔡茂跳起来，得到了中间的穗，结果又丢失了。他把这个梦告诉了主簿郭贺，郭贺离席庆贺道：“禾失为秩，虽曰失之，乃所以得禄秩也。”

失去禾穗，“失”与“穗”相合为“秩”字，解释为“禄秩”，就是功名利禄、升职高迁之意。

《三国志·吴书·孙皓传》中也有个故事，说丁固梦见松树生在腹上，对别人说：“松字为十八公，再过十八年，我要做三公的。”这其实都是凭拆字之术预测福祸。但把测字作为一种江湖方术，应该说是从隋代开始的。虽然说宋代之前也有关于测字术的记载，但并不是很多。这是因为宋代以前比较盛行的还是占星、卜筮类的方术。到了宋代，测字术则大为盛行，测字术在此时发展为独立的算命活动：测字先生可以专靠这一行谋食江湖，人们也常喜欢占上一字来预测自己的命运。

宋代相字术的风行，和一位名叫谢石的相士有很大关系。据宋人洪迈的《夷坚志》记载，谢石，字润夫，四川人，是宋时的测字大师。传说他在以测字谋生之前曾得神人相助，神人授其天书一本，从此让他走上测字之路。他在宋徽宗宣和年间来到京都汴梁，以测字为生，终日奔走于市井和官府。京中的达官显贵、三教九流都请他测过字，只要是找他测过字的人，都觉得灵验无比。谢石之后的朱安国、汪龙、张九万也都是宋朝测字高手，和谢石并称宋代“四大测士”。

测字术真的有这么神奇、灵验吗？其实这不过是对测字术的神化，即使偶有言中也是另有技巧，和所测之字的关系并不大。所谓“鱼儿撞进网里来，喜怒哀乐须详猜”。当求测字的人一来，就必须察言观色，尽量揣摩他们的内心，然后再附会到所测的字上面。

如上文所说的张九万就是一个善于阿谀奉承的江湖术士。传说他曾为宋高宗时的丞相秦桧测字。当时秦桧权倾当朝，但劣迹斑斑，人皆恨之。张九万为秦桧测字却极尽阿谀奉承之能事。据说当时秦桧用扇柄随意在地上画一横，张九万马上说："土"上加一为"王"，秦丞相将要为王。秦桧野心勃勃，张九万这样的老江湖自然不难猜出。

除了随机应变之法，测字先生还要有一定的文字知识，懂得汉字的结构和加减字的技巧。由于汉字具有象形、会意等特征，可以多方解释。俗话说，测字术是"字里字外翻筋斗"，小小的汉字到了测字者手里，任他分拆离合，汉字原来的构造特点早已置之一旁，接下来就是测字先生随心所欲的解释了。

测字并不玄妙，全凭经验。比如，你从字筒中伸手抽到或自己写下一"吉"字，如果你面呈喜色，测字先生就会说出许多甜言蜜语来：说"吉"者，士之口，添"系"为"结"，主办事谋财指日便有结果，有佳音；添"䒑、口"则是喜，主家中人财两旺，财运亨通。如果你面色不悦，同样是吉，测字者就又会演绎出另外的话来：字虽吉，却非吉兆；口居士之下，士居口之上，是为吉；添"宀"则为"害"，主居家度日，或遭病害，或遇小灾；添"言"则为"诘"，主谋事求财多有口舌……

稍有文字常识的人都知道，几乎每个汉字都可以进行类似的演绎。这是一种顺藤摸瓜的文字游戏，说好说歹都凭测字先生两片嘴。

由于测字术士大都极善察言观色，说话又多留有余地，所以测字一直都是比较红火的一门行当，也可以说是一种骗术，一种带有一点智力与文字游戏性质的骗术。

第三章

是巫师，是医生，还是骗子

前面介绍过，跑江湖行医卖药的，是江湖行当的又一大类，被称为皮门。皮门骗术，又可分为巫医术、流医术、隐医术、卖假药术。

“起死回生”的秘诀

“巫医术”是中国最古老的医术，最初也是方术之一。巫和医同源，最初没有明确界限。商代的医生，就巫、医不分，巫既代表鬼神发言，又医治疾病。而他们治病的方法，又往往是以巫术为主，医术为辅。那时候的人们迷信神权，一切行事动作都要听命于神，所以上古是先有巫，而后巫和医相混，到后来巫和医逐渐分离。在殷墟书契中，“醫”字也有的写成“毉”，可证明这种医巫混杂的情况。

最初巫医治疗疾病的方法，主要是祈祷。当时人们缺乏科学知识，以为疾病是具有独立人格的东西，可以自动攻击人，常常以为生病是由于犯了禁条，还有的则以为是精怪或鬼魂附体，或巫术施法所致，所以得任何疾病都向神祈祷。医巫师就是原始的医生，他们的工作就是发现疾病后设法对付它：如作祟的是神，便要设法恳求它；是鬼魂和妖怪，则要驱逐它。

汉代刘向《说苑》对此有记载，书中说，上古有个医生叫苗父，用祈祷的方式治病，竟使被人扶着来的、坐车来的病人都恢复了健康。他用的什么妙招呢？其实就是“以刍为狗，北面而祝，发十言耳”。意思是用草扎成狗形，再用五彩装饰，面向北面祈愿。“以刍为狗”在汉以前是巫医治病必用的一种东西。

汉代韩婴《韩诗外传》中记载了一个传说中的名医俞跗（fū）以此方式治病的神话，说他给人看病从来不开药，而是以草人为祭品，祈祷治病，竟然能起死回生，说得真是神乎其神。

在巫医混合的时代，医生除“祈祷疗病”以外，还用“咒诅疗病”之法。

《黄帝内经·太素》记载：“疾毒言语，轻人者，可使唾痛咒病。”就是说，有坏话侵犯人的，可用唾唾沫诅咒之法解之。鬼妖之类皆畏人唾，也是起源很早的一种观念。这种唾祝也是一种禁术。禁术即禁止之术，它有许多功效，葛洪在《抱朴子》中说：“吴越有禁咒之法，甚有明验，多炁（qì）耳。”而且，此方蛇虫虎豹不怖，刀刃箭镞不入，又能禁水使逆流，禁疮使血止，禁钉使自出。

可见，这种禁咒不单能治病，还有广泛的用途。有了这样的本事，还有什么难症不可医呢？反过来说，一个医生要是本事高强，别人就会说他得到了禁咒之方（禁方）；一个医生要使别人相信自己本事高强，他也会宣称自己懂禁方。

翻开史书，真的有许多这样的记载。比如，扁鹊身怀绝技，内、外、妇、儿科兼长，是一个扎根民间的江湖医生，也一直率领弟子们到各地行医。后为秦太医令（秦时主管医药的官）李醯（xī）所杀。关于扁鹊的史料，还散见于《韩非子》《战国策》《韩诗外传》《说苑》等典籍中。据典籍记载，扁鹊医病有两个特点：一有禁方，二能透视。

扁鹊年轻时当过舍长[1]，有一位叫长桑君的住客，扁鹊对他非常恭敬。长桑君知道扁鹊不是一般人，彼此往来十余年，算得上莫逆之交。

有一天，长桑君悄悄地跟扁鹊说："我有一个禁方，我年纪大了，想把它传给你，你可别泄密。"

扁鹊答应了。

长桑君从怀中把药取出来，对扁鹊说："要用草木的露水送服，一个月之后就能洞察万物。"说着还把禁方书也送给了扁鹊。

《史记·扁鹊仓公列传》中记载："扁鹊以其言饮药三十日，视其垣（墙）一方人，以此视病，尽见五脏症结。"

一服药就让扁鹊有了透视万物的眼睛，这种神话证明在当时人们的观念中，还没有将巫和医清楚地分开。

从高一个层次来看，中国无论是中医理论还是命理术、风水术都源于同样的一个理论体系——阴阳五行学说。中医的理论和方法，至今依然显示出它强大的生命力，并且越来越

---

1. 守护客馆的负责人。

为世界所瞩目；而同样源于阴阳五行说的命相术、风水术却充满了迷信与虚妄。

为什么会有这样的矛盾呢？这是因为，阴阳五行说中虽有合理的因素，也有本身的缺陷和神秘因素，这种神秘因素也同样影响到了中国的医学。

相传，在扁鹊所著的《难经》中，就有“脱阳者见鬼”等荒诞的说法，这些都给中医理论的发展带来了不良影响。魏晋之时，佛教大盛，又为医术的神秘化、巫术化推波助澜。印度自来是一个巫术盛行之地，佛经中又有许多类似中国禁方的方术。这些又从理论上为以神秘巫术行医治病提供了根据。

魏晋南北朝以来，特别是隋唐之时，治疗疾病，让僧人道士祈祷之风盛行。除了寺院道观来往的人多之外，还求沾上一点佛光仙气。至于在华陀庙、药王庙之类的庙宇里，摆摊卖药，当然是近水楼台。所以，古代跑江湖的游医，如果想选一个相对稳定的地方行医，那么道观佛寺、神庙就是他们最佳的选择。

也正因为巫、医同源，所以后世的许多民间医生也是身兼巫、医两职，许多江湖医生更是既能驱鬼，又能开方。在古代中国的村庄里，几乎都能找到这类人，他们的本来身份可能是和尚、道士、巫士，也可能什么也不是，又什么都是，就是说，需要道士的时候，他披件道袍；需要和尚的时候，他穿件袈裟；需要巫士的时候，他挂串铜铃铛；需要医生的时候，他又用药粉治病，兼以针刺刮痧之类。这类人治病的方式，是双管齐下，“神、药两头堵”，既能驱鬼，又能治病，很符合民间风俗的要求。《金瓶梅》中，薛姑子就是这样一类人物，她既能请神卖符，又能看病卖药，服药的方式又总是药和神符纸灰一起服下，可谓巫医混同，难分彼此。

总之，以各种巫术为人医病的统称巫医。有用符箓给人治病的，有用斋醮请神给人治病的，有跳神驱鬼给人治病的，有施法念咒给人治病的……古人多为迷信者，有病也以为是恶鬼作祟。

鬼能致病乃是古代民间一种普遍信仰，《新点评中国人（第5卷）》中提到：像产鬼、厕鬼、水鬼、吊死鬼、厉鬼、疫鬼等各种各样的鬼，都能使人致病。其中有几种鬼，是巫医借题发挥的常用名目。如宅鬼（就是住宅、特别是旧宅中的鬼魂）就是常使人致病的鬼类。

中国历来有送瘟神疫鬼之说，商周的巫师是用傩舞驱除疫鬼，以后的巫医也用各种方法来取悦或清除疫鬼瘟神，同时在供祭时大捞一把。

除了鬼之外，还有一些凶神，也被巫医们说成是使人致病的神类。比如说天罗，就是天上的凶神恶煞，他们不定期地降临到人间。天罗的种类很多，其中就有疾病天罗，谁一旦碰上，就会倒霉。还有三种尸神，上尸神名彭倨，常居人头中；中尸神名彭质，居人心后；下尸神名彭矫，居人脐下丹田中，都是能致人疾病的凶神。

治“鬼病”（包括凶神）当然是巫医的特长。自东汉五斗米教创立以后，巫医开始以符箓咒语为主来为人治病。画几种符箓，造一碗咒水，念几句神咒，不像炼丹祭祀那么耗费财力，比较方便，因而在下层民众中间有较大影响。符和咒语，源于人们对语言的神秘崇拜。江湖巫医称这类符咒为“神稿子”。

画符治病的方法流传如此之广，以至于今天尚有许多迷信的老人在小孩夜啼不止的时候，还会请人写上一张“天皇皇，地皇皇，我家有个夜哭郎，过路君子念三遍，一觉睡到大天亮”的符纸，然后郑重地将其贴在电线杆等显眼之处，认为这样就能治小儿夜啼症。

卖符纸咒水的巫医，简直是无本万利，所以有的卖符的巫医，常常硬逼人们买他的符，否则就恶语相向。比如，宋代大文豪苏东坡有一首《和子由踏青》，其中几句捕捉的就是这样一个场面：

何人聚众称道人，遮道卖符色怒嗔。
宜蚕使汝茧如瓮，宜畜使汝羊如麇（jūn）。
路人未必信此语，强为买符禳新春。
道人得钱径沽酒，醉倒自谓吾符神。

诗的意思是，有位自称道人的人，堵在路上，气势汹汹地责怪人们说：“难道怀疑我的符不灵吗？我的符会让你家的蚕大得像小瓮那么粗，羊长得像獐那么大。”路人尽管不相信他的活，但终拗不过他的纠缠，只得买下他的符，权且当作对新一年的祈福。这位无赖“道人”得了钱，便直奔酒馆，喝得酩酊大醉，醉中还自言自语道：“我的符神得很哪！”

许多巫医却不单是卖符这样“单打一”，他们还有许多其他的本事。跑江湖的巫医们，身上都带着许多道具，像宝剑、黑鞭（烧热的铁鞭，巫医说它可以驱鬼治病）、鸡血、黄表纸等，以各种巫术为人治病。直到今天，在我国的东北，仍有“跳大神”为人治病的巫医，许多人依旧相信这种治病的方法。

清末胡朴安先生曾说，此“习俗相沿由来已久，人民极其信仰，尤以妇女为甚，乡间为最多”。这类巫医，有的说是神灵附体，浑身乱抖，信口歌唱；有的青年妇女则腰悬铜铃一串，手击单面鼓满屋跳跃，信口高歌，请各类神灵驱鬼治病。

在南方有些地方，也有类似的巫医，妄称神鬼，假说阴阳，也是靠迷信来哄诱百姓，装腔作势，趁机行骗。这类人，又常贪心不足，有病人来求他，他先说救不得，直到对方恳切拜求，才假作勉强答应。召神除鬼之时，却要病人脱衣典当。等到没有效果时，又说主人不曾尽心，神灵不喜欢，又要耗费病人许多银钱，有的甚至致人死伤。

还有一类巫医，是以卖各种“镇鬼”“避邪”类方药为主，如前文所述，许多人相信有些药有镇鬼通神的神秘魔力。如明代凌濛初的一首诗中所说的：“万物皆有情，不论妖与鬼；妙药可通灵，方信岐黄理。”岐黄即是医术，而妙药通灵之说，则是民间一普遍信仰，许多游医借此信仰叫卖各种含神秘和巫术色彩的方药。比如治黄仙迷惑的、治鬼魂附体的、镇服各种凶神恶煞的，等等。这类神药，有的只是一些平常的镇静药物，有的干脆就是“撮土作丸”类的假药。

一些巫医声称自己会用巫术采得珍奇神药。在古人的观念中，人参、灵芝等一类药不是一般人能看到的，即使能得到也需要法术，比如参客看到参苗，要在参苗上拴上红绳，避免人参脱逃。许多巫医就是借此骗人，说他们的药是用法术采得的。明宪宗时的江湖骗子王臣，江湖人称“王瘸子”，就声称自己能以法术采药，他正是因为在湖湘、江西、江浙、东北等地采药而得到重用的。

还有一类巫医，是将自己所通的一点皮毛医术神秘化。如《金瓶梅》中的赵理星，就是个集医、巫于一身的角色。他的本事有三：第一，善阴阳算命；第二，用针灸收疮；第三，会用巫术祈福禳灾。这位巫医，还能治人的“心病”，潘金莲为了笼络西门庆之心，请赵理星代为谋划。赵理星声称他要用“回背术”为潘金莲治这块心病。所谓“回背”就是使人回心转意。

书中对赵理星的方法是这样描写的：“用柳木一块，刻清两个男女的形象，画着娘子与夫主的生辰八字，用七七四十九根红线扎在一处，上用红纱一片蒙住男子眼睛，用艾塞其心，用针钉其手，下用胶粘其足，暗暗埋在他的枕头内，若得夫主吃了茶，到晚夕睡了枕头，不过三月，自然有验。”潘金莲不解其中含义，赵理星一一解释道：“用纱蒙眼，使夫主见你一似西施一般娇艳；用艾塞其心，使他心爱到你；用针钉手，随你怎的不是，使他也不敢动手打你；用胶粘其足，使他不再往别处胡行。”借助这类神秘的巫术，只懂些针灸收疮的江湖医生赵理星也变成了一个无所不能的巫医。

再有一类巫医，是利用古代中国人重男轻女的心理，宣称自己有让孕妇腹中胎儿化女为男之术，其行骗的方法是这样的：首先，他们对怀孕人家的主人说：“脉主得女。然吾翁之善，可回天意，请竭吾术，使转为男。”然后，巫医开始设炉炼药，掐诀念咒，装神弄鬼，煞有介事。如果生男，则为自己功劳；如果产下了女婴，也有方法搪塞。由于古人根深蒂固的重男轻女心理作祟，盼孙念子者大有人在，所以这类江湖骗子也是大有市场，生意兴隆得很。

最令人愤恨的，是那些不惜杀人害命来取悦帝王将相、达官贵人的巫医。

宋辽之时，有一个名叫肖衮（gǔn）的，就是这样一个女巫医：“初，辽主惑女巫肖衮言，取人胆合延年药，杀人颇众。”明代万历年间，太监得势，许多巫医依附太监名下，百般献媚。魏天爵、林宗文向太监高寀（cài）进一秘方，要生取童男童女的脑髓作为药引，则可以使“阳道复生”。太监高寀听后大喜，就多方买取童男稚女，碎颅取脑。许多恶贼拐人稚子，献给高贼食其脑髓，害死无数孩童。此等杀人害命的狗彘之行，令人发指。

萍踪浪迹的江湖医生

所谓流医，是指“萍踪浪迹”、游走江湖的医生，如明人肖京在《轩歧救正论·流医》中所说，他们中的许多人“亦能粗谈经方，大率套语”，但也有许多流医，仅凭一两手江湖骗术而谋食江湖，骗人钱财。

走江湖治牙病的牙医中也有许多江湖骗子。其中有一种骗术叫“肉儿”（指虫子），是从病人牙疼的部位拨出活虫。古人以为，牙疼是因牙虫作祟，所以江湖牙医事先将菜虫粘在舌压板底下，在治病时往牙上一碰，将菜虫弹下来，以此方法骗人钱财。类似的行骗方法还有从耳中、腐烂的肌肉中和割开肌肉从骨中拨出虫儿的，让人们相信他们治病的功效。

走江湖的针灸医生，经常用的骗术中有一种叫“大卯”，卯是眼的意思，这里指针眼。“大卯”是指在针灸后，江湖骗子说还要拔火罐。拔罐前，江湖骗子先在罐子里放上粉和颜料混合的东西，拔罐后说罐里面的东西是从扎针的针眼里拔出来的病，以此骗钱。

还有一类流医，几乎不通任何医术，只是以骗术谋生。连阔如在《江湖丛谈》中记载了几种这类江湖骗子常用的骗术：有的冒充病人的亲戚介绍来的医生给人看病，看完病后声称回去配药，请先付药费，骗钱后一去不复返。还有的声称看病不要钱，等看完病后开完药方，配完药，又变口气说："看病不算什么，可以不要钱，但药品贵重，赔不起的。"骗子按药方上的贵重药品名称，向病人索要很多药资。而实际上，他们所配的药中，很多所谓的贵重药物都是假药。

再有一类流医，本无医术，只是善做卑下之事延誉邀宠以谋钱财，这就是所谓"吮痈舐（shì）痔"之徒，人们称之为"疡医"。《庄子·列御寇》中说：秦王有病，召集天下的医生给他治病，凡是治疗皮肤疮肿的仅赏车一乘，而为他舔痔疮的赏给五乘车，治的方法越低下，所得的就越多。有些江湖医生就是这样不顾廉耻，不择手段。

汉文帝时的邓通，就是这样的人。一次，汉文帝身上生一痈，由红肿而溃烂，由溃烂而流脓血，腥臭异常。邓通为他吮吸脓血，文帝感到痛苦稍减。邓通由此得一专门差使，日日为文帝吮吸脓血。邓通本是一个庸碌无能之人，却因此而得到汉文帝宠爱，皇帝还将蜀地一座铜山赐予他，让他自己铸钱。由此，"邓氏钱"遂布于天下，邓通之富极于人臣。

还有一类淫医，也是流医的一种，是以采补之术蛊惑世人，诱人纵欲。此术初流行于秦中，后为道教吸收，为一养生方术。此术本非宣淫之道，但在流行过程中，常常成为一些人淫乱的借口。偏有一些江湖骗子，自诩精通此术，还向纵欲者推销所谓壮阳类的淫药，多有致人死伤者。

《金瓶梅》中的西门庆，就是因服一梵僧的所谓“三次老君炮炼，王母亲手传方”的淫药而纵欲身亡的;《二刻拍案惊奇》卷十八中的甄监生，也是服了江湖骗子玄玄子的秘药，与一婢女纵欲时身亡的。关于这类江湖医生的害处，肖京在他的医书《轩岐救正论》中说他们“借医求食，不通经书，不谙方脉，乃专务旁门，秘制毒丸，献媚权贵，枉道取悦”。

肖京生活的时代，正是世风日下、淫风日盛的明朝。许多丹客淫医假托仙丹，实际上炼制的是壮阳丹药和春药。他们见利忘义，上至朝廷，下至市井，往来行骗。鲁迅先生在《中国小说史略》中说：“成化时，方士李孜省、继晓以进‘房中术’骤贵，至嘉靖间陶仲文以进红铅得幸于世宗，官至特进光禄大夫柱国少师少傅少保礼部尚书恭诚伯。于是颓风渐及士流，都御史盛端明、布政使参议顾可学皆以进士起家，而俱以借‘秋石方’致大位。瞬息显荣，世俗所企羡，侥幸者多竭智力以求奇方……方药盛，妖心兴。”

本来，在明代洪武、建文、永乐、宣德年间，皇帝所行多是正事，并不崇尚邪术。但到了成化年间，由于宪宗崇尚邪术，致使淫医也和其他神棍一样，大骗朝野。

鲁迅提到的李孜省、继晓就是明宪宗时的两个淫医。李孜省初时只是一位布政司小吏，因受贿潜逃，藏于京师。后来听说宪宗喜欢道术，就跟人学习房中术等，私托太监钱义、梁方，奉献邪术于宪宗，被封为“太常寺丞”。至于继晓，本是一个妖僧、江湖骗子，是一个以壮阳药及房中淫巧之术在江湖上骗饭吃的市井无赖。他潜往北京后，也是靠太监梁方的推荐，得到了宪宗的宠幸，被封为“通玄翊教广善国师”。因为他进献的“房中术”和淫方，正好投合了纵欲无度的皇上的需要，明宪宗还为继晓造了寺庙，所居前后多置妇女，以备“采补”，实则是纵欲之用。

西域僧人札巴坚，是受宪宗宠信的又一江湖淫僧。他鼓吹与女子交合是成佛途径，并以西域的淫药丹方蛊惑王公大臣和皇帝。他在明宪宗四年（1468）被封为“弘妙大悟法王”。

还有一个江湖骗子叫万安，也是个不学无术的家伙，只因为向皇帝进献了房中秘术和壮阳秘方而被封为礼部侍郎，引得许多江湖术士甚至王公大臣也都争献丹方。

明世宗一生崇拜仙道，每日总是和一些方士混在一起，讲求服食成仙之道。其时著名道士陶仲文，也是一个靠进献房中术、房中秘药而延誉邀宠的江湖术士，他的红丸在当时盛行一时。这种红丸，实际上是一种发热壮阳之药。由于这个发明，陶仲文被明世宗封为礼部尚书、恭诚伯，每年食禄一千二百石。

明世宗之后的明穆宗、明神宗，也皆宠幸淫医丹客，纵欲荒淫，天怒人怨。明代沈德潜在《万历野获编》中记载，明穆宗在位六年间也为内官、游医、神棍、淫医所惑，时常服用一些房中秘药、壮阳丹方，致使身体被掏空，不理朝政。明神宗是有名的昏君，在位期间荒淫好色，广蓄美女，终日纵情声色。每夜必饮，每饮必醉，每醉必怒，动辄杀人，搞得国事凋敝腐败。

皇帝如此荒淫，王公大臣们也争相效尤。自明中叶以来，“宁在花下死，做鬼也风流”的腐朽观念，更是为许多达官贵人奉行。许多江湖医生，又推波助澜，以房中术和淫药诱人“迷于枕席”。如明万历年间，江右世医龚应圆著《福寿丹书》，教人采战之术，详列方论，诲淫败德。

在一些江湖医生的手里，房中术的文字和图画成了诱人淫乱的“黄色书籍”，更有一类“素行不端之徒，遇诊嫠妇寡女，启念挑淫，线索传情，术以济奸，无良极矣”。清代庾岭劳人的《蜃楼志》中写了一个叫魔剌的走方淫医，他向一个姓赫的官员吹嘘他精通法术，能令赫某的妻妾生子，等到了赫某府中，又借神佛施子的托词，以采战之术，诱奸了赫某的妻妾。

和教授采战术、卖淫药的淫医相类似的，是以专治花柳病而游走江湖的流医。如上所说，明中叶以来，世风日下，淫风日盛。城市中青楼林立，娼妓云集。许多行为荒唐者因嫖妓滥交，染上了梅毒、淋病等“花柳病”。

这当然不是什么光彩之事。他们一方面讳疾忌医，不肯公开诊治；另一方面又轻信江湖游医包治管好的许诺，成为江湖游医最好的主顾。

隐士名医如何骗人

所谓隐医骗术，是指冒充隐士行医卖药而行骗的皮门中人。

在古代中国，许多隐士不仅具有崇高的品德、卓越的政治才能和艺术才能，还具有卓越的医术才能。汉代贾谊有句名言："古之至人，不居朝廷，必隐于医卜。"司马迁也有类似的话："达则为良相，不达则为良医。"可见，隐士为医历史悠久，影响深远。

像汉代隐士韩康，就是一个有名的隐医。据记载，韩康字伯休，常游名山采药，卖于长安市中，口不二价三十余年。由于所卖之药极有效，因而名气极盛，后世之人也时常称颂他。宋代陆游有"卖药思从伯休隐"之句，表达出对这位隐士的赞叹和倾慕。元代诗人揭溪斯也有"卖药都市中，疑是韩伯休"的诗句相赞。

"韩康卖良药"的名句，语出南朝诗人徐陵《长安道》一诗，已成为隐医卖药的赞语。还有三国时的隐士董奉，他也于深山之中为人治病，却不收钱，只需重病愈者栽杏树五株，轻者一株。如此数年，他房前屋后杏树郁然成林，使得其后的医家都以“杏林春暖”为一难得美誉。再有晋时的葛洪、唐时的孙思邈、明末傅青主，也都是为人称道的隐士名医。

另外，在古代，许多没有什么真本事的江湖骗子经常冒充隐士类的世外高人行医卖药。一来是许多隐士名医的医术医德给人们留下了美好印象，许多人很容易被冒充的欺骗；二来是医学史上许多著名人物也都是兼名医方士于一身，他们行医的方法中也有许多神秘的成分。比如，卖药的韩康，后人就把他的药和海上长生不老之类神方相提并论。清代丘逢甲在《赠莫生》一诗中说：“多君卖药高韩康，专从海上搜神方。”可见，在人们的心目中，总把隐士和方士联系在一起，使名医隐士带有一层神秘的色彩。

再说说药王孙思邈。《旧唐书》记载，他很聪明，“七岁就学，日诵千余言”。被人称赞为“圣童”。周宣帝时，由于王室诸多变故，所以孙思邈开始隐居太白山。

药王医术高超，但连他也相信“禁咒法”可以治病，又相信有子无子和“夫妻本命”有关，而且强调当医生必须妙解和精熟“阴阳禄命，诸家相法及灼龟五兆，《周易》六壬”才能成为大医，正因为如此，有许多神秘的事情附会在他身上。传说有一只虎在伤人时，被一支金钗插中喉咙，老虎张着口跪在他面前，让孙思邈为它取出金钗。还有龙生了病，孙思邈为它施针治病。连龙虎之病都能治，何况人乎！

明代有一位名声极高的所谓隐士名医，他自称包公之后，已经活了一百几十岁，曾经到了阎王殿，又因能济世医人而被阎王放还。虽然这个隐士医生的药服后并没有什么效果，却仍有许多人慕名前来。凭着这隐士的神秘身份，他一生倒没缺过病人。正所谓“多一分神秘，就多一分名气”。因而有许多江湖骗子也故弄玄虚、故作高深，借隐士的身份来行骗江湖。以隐为骗的江湖庸医，大都“非明良之士”，他们没有真才实学，根本不懂医术，只不过是虚张声势、炫耀自己的名声以骗取钱财。

孙思邈、张仲景、傅青主等隐医，皆是“隐而通，不失其济物之仁”的隐医，他们本身有才能，也无须故意炫耀名声，所谓“桃李不言，下自成蹊”。但许多江湖骗子本无真才实学，却故作神秘，一有效验，便神吹自炫，出事了又装神弄鬼，说患者“命该如此”。这类江湖骗子虽然给自己头上笼罩了许多神秘的光环，实际上仍是外强中干的“黔之驴”。

古人是如何卖假药的

跑江湖卖假药是皮门中又一大类。他们中有的人略知医术，懂得一些药理知识，常常用一些一般的药物冒充名贵药材，以成色次的冒充成色好的，甚至以假充真。更有甚者，如东汉王充所说的“取土作丸卖之”，或如清代赵学敏所揭露的，卖的是“败草毒剂”，这种无本经营的买卖完全是骗人的，甚至是害人的勾当。

正如《轩岐救正论》所说：

> 药非地道，杂以伪者……如沙参之假人参，苜蓿根之假黄芪，蒿本头之伪川芎，浙贝母之伪川贝母，广黄连之伪川黄连，紫楝根之伪巴戟，南当归之充秦归，浙地之充怀地，建山药之充怀山药……川乌之伪附子，上防己、野马肝之乱何首乌，诸如此类，不可胜穷。

上述种种，都是以次充好，以伪充真。在中医药中，很讲究药的地道性，否则就无法达到治病的目的，甚至还会起副作用。有些江湖骗子处心积虑制售假药，令人防不胜防，有时连一些行家也会上当受骗。

清末民初，云南有一著名三七庄，以卖三七粉而远近闻名：三七，是一种名贵的药材，它历来是以“头数”论价。在当时的市秤称一斤四十个的，称为“四十头三七”，一斤称得六十个左右的，称为“六十头三七”，头数越少，“三七”单个的分量越重，也就越珍贵。

有一次，“三七庄”的主人买了一批“三七”，一斤只有三十个左右，以为是罕见珍品，后来才发现，原来是卖家在每根“三七”里面都插了铁钉或铅条，再用泥土糊住插口，很难看出掺假的痕迹。原药材已经如此难以分辨，加工成饮片成药就更难分辨，在“三七”粉中掺入山楂粉，用牛皮熬成阿胶（阿胶需用驴皮熬成）等，难辨真伪。由于人参和虎骨比较贵重，很多人又是只见过其形，不知其质，又贪小便宜，这就给江湖骗子提供了可乘之机。比如，假虎骨多用牛腿和其他兽骨伪装而成，再由一技法高超的工匠雕出虎爪，粘上兽毛，然后四处兜售骗卖。

直到今天，街上还有卖假鹿胎、假麝香、假虎骨的江湖骗子。其实，这种江湖骗术也是古已有之。鹿胎自然是假的，是用羊胎冒充的，具体方法是在羊胎嘴里镶几颗小牙，因为鹿胎只要长成就长牙，与羊胎不同，所以必须安上牙才像真的，这样即使是内行人也往往被骗。假麝香的制作方法也是大同小异，是骗子从药铺买来麝香皮，往里面装上各种香料制成的。因皮有真麝香的味道，所以懂行的人也容易被这类骗子蒙骗。这类假药吃了虽没有多大的害处，却会耽误治病。而卖假虎骨的骗子，往往是身着乡下衣服，听着说话也很质朴，装着老实相，嘴上不停地说着他虎骨的来历，或者说偶然机缘得到的，或者说祖传的，不停夸耀说虎骨能治百病，买些回去泡酒吃还能够“种子”，也就是生孩子，骗人来买。

还有假人参，一般是用沙参、草参来冒充，甚至还有用香菜根来冒充的。人参是一种名贵药材，因其加工的方法不同，有红参、糖参、生晒参等。其中假的生晒参是取鲜参洗刷干净，日晒一天后，再用硫黄熏过，晒干而成。晒干后的野山参和沙参、草参、香菜根等晒干后很相似，因而常有江湖骗子以假充真。还有的江湖骗子是用蒸、煮、浸过的有效成分几乎完全丧失的人参，再经硫黄熏蒸、太阳晒过，冒充上好人参出售。

无论是哪种卖假药的，都需要凭借久闯江湖练就的一张油嘴，才能使骗术得逞，所以说这些人是三分药、七分嘴。卖假药的在行骗前都有一些套话，称“开词”。他们先是疯说胡说，逗人笑乐，这样人越围越多，圈子越拉越大，然后在关键时刻要立刻不露痕迹地转到卖药正题上。

卖药之前，有正式套词，如卖虎骨的套词是：专治风寒麻木，筋骨疼痛，腰酸腿疼，肾寒肾虚，梦里滑精，小肠疝气，五劳七伤，左右偏坠，左瘫右痪，半身不遂，诸虚百损……总之是夸大吹嘘。最后开始卖药时，是连哄带骗，多卖一个算一个，尽量不使看客“脱钩”。

不要小看江湖骗子这随机应变的嘴上功夫，它不仅是江湖谋生的手段，甚至还能成为在封建社会中获得厚禄高官的本钱。唐代的郑注，本是个略通医术、其貌不扬的江湖医生，却因为有一套江湖本领，而成了唐文宗的宠臣，连当时的政治家李训也是走他的门路才当上宰相的。

卖假药的也有许多讲究，有的是先练武之后再兜售假药，有的是先耍魔术、把戏，聚集起众人后再卖药。卖药的时候也有许多具体的骗术，诱使人们相信他们的医术和假药。比如卖打虫药的，就会把许多虫挂在杆上，以显示他的药效果之好；有的还用“倒毛水”的方法，将饭和虫预先倒在地上，诈言是病人呕吐出来的，以此诱人买药；有的事先安排好“托儿”，协助他一起骗人。比如卖假眼药的，也会用一些小魔术诱人上当。他们先在场内放个茶杯，放满水，撒点儿锅烟，把一滴眼药滴入水中，眼药在杯中能自动追赶锅烟，于是卖药人就吹嘘他的眼药能驱除眼中的火蒙，诱人上当。

据《江湖丛谈》记载，明清时期有些骗子用假货冒充治妇女病的活血珠。行骗前，往往说他投亲不遇，身上无钱，急需用钱，所以贱卖活血珠，引人上钩。凡卖活血珠的都有一伙人，除了卖家外，还要找“托儿”一起演戏。“托儿”假充行家说：“活血珠我见过，有绿豆大小，又红又亮如同珠子一样。”让卖药的人打开看看，看后说，“这是真的，需

×××钱才买一粒。”这时，旁边的同伙装着样子递钱买，以引别人上当。

还有许多江湖骗子，经常当场给人治病。他们在给人治病的时候，通常用的是真药，比如治腹痛的好药、治牙痛的好药，观众看其有效，之后掏钱买药时，江湖骗子卖给他们的就是假药了。

清光绪三十年（1904），上海发生了一件以卖假药起家的真事。药的名字是“艾罗补脑汁”，被宣传为一种大补之药。“艾罗补脑汁”的制造者姓黄，曾做西药掮客，是个长期在江湖上行走的人物，平素来往的也大都是巫卜星相类的江湖中人。一天，他一个在外国人开设的药房里做事的朋友，给了他一张洋配方，粗知药性的黄某，知道这不是什么补药，药方上的几种药，病人吃了不会好，好人吃了不会病。于是，黄某纠集了几个同伙，配制出一种糖浆。取名为“艾罗补脑汁”，结果竟然大获成功，畅销了半个世纪，黄某也因此发家，成为上海赫赫有名的资本家。

那么黄某的假药是怎么卖出去的呢？

一是黄某了解当时的社会背景，知道造补药是大可一试的发财捷径。当时不少中产、小资产阶级的人醉生梦死，通宵达旦享乐赌钱，弄得头昏脑涨，便认为是体弱肾虚；晚上多梦或失眠，就认为是脑神经衰弱。他们这类人手上都有闲钱，于是就东求西访，绞尽脑汁地去购服补药，艾罗补脑汁恰是适应了这种需要。

二是黄某利用当时许多人崇洋媚外的心理，给假药起了个洋里洋气的名字“艾罗补脑汁”。后来有个洋人自称是美国的小“艾罗”，“艾罗补脑汁”是他爹发明的。黄某知道这是个洋骗子，揭穿了他的骗术后，又答应给他一笔钱，让他签署一张收据，承认自己是医学博士艾罗医师的儿子，收到这笔钱后，“艾罗补脑汁”今后专归黄某独家制造，自己绝不过问。洋骗子依言照办。黄某一方面大登广告，自吹自擂，利用这张收据，广为宣传，假戏真做；另一方面将假药包装得极为洋气、美观，令很多人上当受骗，黄某因此大发其财，成为上海有名的资本家。

清代中叶以后，鸦片大量输入中国，吸食者日多。后来清政府禁止鸦片输入，民间也禁止吸食。这样，许多吸毒者就要戒毒，戒毒药品的需求量大增。于是，就出现了合伙卖假戒毒药的江湖骗子，这类江湖骗子多以药铺为行骗对象。他们选中目标后，就分头施展骗术。一般由一经验老到、久闯江湖的骗子身着西服，临时叫辆汽车，将假药装在车上运到某家药铺。下车后，令伙计扛着药品，走入药店，对店主人说他是某某委员会委员，制造了几种戒毒新药，极有效验，奉会里命令，来此推销，将药品放在店里寄卖，先放点货，等你们卖出后再来取钱。几天后，合伙行骗的“托儿”再到药店里假装买这种药。数日之间，药店见有主顾接连不断地买这种药，便相信药有效验，于是又出钱购买大量新药。等药铺发现上当受骗，他们早已逃之夭夭了。

卖假药者最常用的还有托神卖药术。我们之前说过，巫医同源，所以你仔细观察就会发现，江湖医生所持之药方，除了祖传秘方就是仙方，其实就是古代中国最早的专科医书《刘涓子鬼遗方》，由南齐龚庆宣整理撰写，带有浓厚的神秘色彩。了解了这一点，就不会为江湖医生托神卖药感到奇怪，他们中的许多人都自称有仙方，还能绘声绘色地讲出他是如何得到这仙方的，这个仙方以前又是怎样灵验，怎样大出风头的。

清代宣鼎在《夜雨秋灯录》中，绘声绘色地讲述了与他同乡的一个江湖医生的神奇故事：清朝初年天长县（今安徽省泰县）有一个卖膏药的叫刘子仪，据他自己说，有一天梦见一个黄衣叟，告诉他在他庭院周围长的三七草药是良药，能治毒疮，并告诉他如何熬制，可以做成膏药卖。一天晚上，来了个乞丐，屡屡刁难他，他一直极力服侍，态度极佳。等天亮时，乞丐一声狂笑，掷出一钱于熬药的釜中，踏雪而去。留在釜底的是什么呢？是一枚极古的五铢钱。钱一放入釜中，就有药气上腾，成五色祥云，终日不散。他的药膏由此更灵，那乞丐很明显是一位神仙。编造这类“灵迹”并不难，甚至古钱也可以让大家看，宣鼎说他小的时候就亲眼见过。

托神卖药的另一类是利用一些人的迷信心理，卖些“神药”。比如古代有些女性相信，女人服用了某种媚药便有媚术。西晋张华在《博物志》上说：“右詹山帝女，化为詹草，其叶郁茂，其花黄，实如豆，服者媚于人。”《山海经》中也说："姑媱之山，帝女死焉，其名曰'女尸'，化为瑶草，其叶胥成（相重叠之意），其华（花）黄，其实如菟丘（菟丝子），服之媚于人。"

女子死后化为詹草或瑶（yáo）草，也就是"媚草"。魏晋时期，传说缺乏魅力而又渴盼爱情的女性相信吃了詹草或瑶草的果实，便可以得到男人的欢心。

本来说有媚草已是一种迷信说法，这类植物也是渺茫难寻的，偏有许多江湖卖药的自称有这类媚草，借神话传说欺骗那些渴盼爱情的女性。媚草之外，还有其他媚药。《本草纲目拾遗》上说："云南有小虫，名曰'队队'，状如虱，出必雌雄随人。"得到了这样的小虫入药，用银匣子盛放，再置于枕头中，就可以让夫妻和好。

本来，令人夫妇和好是好事，问题是许多人借此行骗，就非正道了。

由于各类媚药较难采集，有的人干脆以极易制造的神符取而代之，其中最有名的就是"和合符"。他们声称，这种神符能使两性相爱，起到与媚药同等的作用。

《旧唐书》中有载，唐玄宗之子棣王李琰有两个妃子争风吃醋，其中一个就向巫师求助，巫师给她画了一道符，让她偷偷把符放在李琰的鞋子里，说如此李琰就会比较喜欢她了。

还有一类卖神药的，是借助一些人的迷信心理，声称他的药是在某某神仙经常显灵之处所得。古时民间盛行讨药风俗，甚至有人会跪在老树底下，求树仙赐予治病仙药。

怎么个求法呢？用一盛满清水的碗，上面蒙一红布，然后跪在树下，双手合十祷告。过一会儿，将清水当作神药饮下。有的则将老树树皮剥下，当作神药服用。还有人专门出售寺庙道观中的香灰、敬神的“圣水”等。

总之，跑江湖卖假药者人数多，危害大，因为他们所卖的假药，不仅没有治病之功效，反而会危害人的健康和生命。而今亦有千方百计兜售假药的江湖骗子，万望人们不要轻信他们的花言巧语，贻误大事。

第四章

古代江湖有多险恶

“风门”起源较早，是江湖上的一大门类。这一门类有一套相对完整的骗术，其中较有代表性的是拐骗术、劫骗术、走私术和窃术。

古人也要防拐骗

拐骗术是拐匪使用的拐骗人和财物的骗术。无论是拐人还是骗物，皆用心狡诈，手段歹毒。虽说“拐骗”二字经常被合用，但拐、骗也略有区别。拐的目的在人，骗的目的主要是在财物。

拐人术

《清世宗实录》有载，清代顺治年间有一批拐匪，或诱拐无知，私禁土窖，从而外贩；或将满洲妇人子女，图诱贩卖；或卖民间子女。当时的拐匪是“设置窑子，隐藏私卖”。可见，拐匪们拐卖的对象主要是妇女和儿童。

拐卖儿童，清代江湖黑话叫“抱童子”。这类的江湖骗子叫“拐子手”，他们专门拐骗男孩女孩，或者勒索赎金，或者将其卖掉。古时这类事发生极多，其手段多有不传之秘。像民间广泛流传的“拍花”，是说有人在小孩头上一拍，小孩就乖乖被他拐走。其实，这类拐匪是用迷药迷倒小孩后将其拐走的。如康熙十八年（1679）有个名叫夏三的拐骗犯被处死，他就是将迷药掺在面饼中，诱拐孩童十二名。

另一类比较常见的，是趁着人多热闹，大人不注意时，将小孩拐走。《二刻拍案惊奇》中，就有一个五岁小孩被拐骗的故事：一个官宦人家的五岁公子，在元宵节之夜，由仆人驮在背上去看放花灯，不想一出门，就被“雕儿手”（明代时对拐匪的称呼）盯上了。那拐匪一路尾随，寻找机会，不离左右。到了一个热闹地方，借仆人看花灯看得忘乎所以之际，双手轻轻伸过去，将小孩接过来，仍旧像仆人一样驮在背上，小孩也是忘情贪看，全然不觉，就被他背走了。

还有更令人发指的拐匪。清代徐珂在《清稗类钞》中就记载了这么个案子：清乾隆年间，长沙市有人牵了两条狗来乞讨，其中一条狗比寻常的狗体形更大、后肢粗壮、嘴巴和鼻子像人的一样，浑身长满了狗毛。神奇的是这条狗会说人话，能唱小曲，一时间“观者如堵，争施钱以求一曲”。刚好当地一位姓荆的县令路过此处，觉得非常可疑，就假意说让他们去自己的家中表演，将要把戏的和狗分开，他看了看狗，问道：“你是人啊，还是狗啊？”

结果那条狗回答：“我也不知道自己是人还是狗。”

县令再问：“你为什么与他们在一起呢？”

狗回答：“我也不知道。”

县令又问：“那二人干的什么营生？”

狗："白天牵着我去市场卖艺，晚上回来就把我放桶里，不知道这是为什么。"

荆县令将两个耍把戏的抓住，严刑拷打，他们才供认，原来这条所谓的"狗"，是用三岁的小孩"制作"成的。他们先拐卖一个三岁的小孩，"先用药烂其皮，使尽脱，次用狗毛烧灰，和药敷之，内服以药，使创平复，则体生犬毛，而尾出，俨然犬也"。

这种残忍的方法让人不寒而栗，孩子所受的痛苦我们不问可知。最可怕的是这两个人贩子说，这种"人犬"制作艰难，用十个小孩做才能活下来一个。荆县令大怒，让人将这两个人贩子带到街上，公布罪行，然后用乱棍打死。

被拐骗的儿童遭遇很是悲惨，有的因家人付不起赎金而被杀掉；有的则被远卖他乡，和家人无法相见；有的甚至被拐匪故意弄成残废，行乞赚钱。如同治年间，上海有一批无赖匪徒，专门拐骗童男童女"引至僻静之处，毁其面目，残其肢体，百出机巧，务使不齿于人类，然后携之通都大邑，居为奇货，以供观览，而借以乞求"。

有的人贩子，看中某家小孩后，就会在小孩周围窥伺动静，寻找机会。等没有人的时候，以食品来加以诱惑，天长日久，与小孩渐渐熟悉、亲热起来，便于某日，假装带小孩去看热闹、玩游戏，带着小孩远遁他乡，作价出卖。在清代的江湖隐语中，称这种方式为"文拐"。

有的人贩子，精心训练几个小孩，以他们作为拐骗的工具。他们先是在被拐来的小孩之中，选取几名聪明伶俐的当作子女抚养，然后传授他们拐骗的方法，等到他们能熟练掌握后，就把他们卖给事先选好的、有小孩的人家做婢女、男仆，让他们趁机行骗。入府之后，他们千方百计讨得主人和公子、小姐欢心，等时机成熟，再窃取主人家财物，带着主人家的小孩儿溜出府门，坐上前来接应的车，溜之大吉。有的人贩子是让这类小孩与要拐的小孩儿结成同伴共同玩耍，给点小钱和零食，慢慢地越引越远，甚至把他们带回人贩子的大本营。这类利用小孩儿拐小孩儿的方式，不惟用心狠毒，也着实令人难以防范。

清末之时，上海某官宦府第要买个小丫鬟，人贩子得知消息，带着训练好的两个十二岁左右的小女孩，冒充亲生父女前来求售，无论主人怎样盘问，他们都回答得丝毫没有破绽。被主人留下来的那个女孩入府之后，举止和顺，执事殷勤，深得主人喜欢。她又经常在主人面前搬弄是非，使众婢仆皆失宠于主人，让主人独独很喜欢她。除了讨好主人之外，她只跟主人家的两个小孩做伴，使两个小孩与她形影不离。三个月以后，主人完全信任了她，她可以登堂入室，主人取拿什么珠宝首饰也不回避她。有一天，女主人外出办事，男主人也去京城谋官去了，这孩匪偷偷潜入女主人卧室窃取珍宝，又对两个小孩说："外面正演猴戏，我们赶快去看。"于是领着他们走出府门，一起登上一辆黄包车，一去不复返了。

有的人贩子，既没有"文拐"的高深技能，又没有训练有素的孩匪相配合，只好以武力来“偷小孩”，这就是“武拐”。这类人贩子每天游荡在大街小巷，见到可拐的目标，趁其大人没有看护之际，突然蹿出，抱起小孩就走。遇上大吵大闹的孩子，就用事先备好的食物哄其止哭；如果不奏效，就用潮湿棉絮塞在孩子嘴里，让孩子欲哭不能。

无论哪一种诱拐儿童的骗术，其目的都是获取不义之财，其结果都是给丢失儿童的家庭带来绵绵不尽的痛苦，所以人们对人贩子极为痛恨。许多朝代也制定重法来惩治这种江湖骗子。比如，清代律法中就专门有一条是关于拐卖人口的。但是出于多方面的原因，直到清末，这类拐卖儿童的行为仍一直很猖獗。

拐卖妇女的事在古时也经常发生，被拐卖的妇女的命运是极其悲惨的，她们大多数是被卖入娼门，堕入火坑；有的被卖给别人做妻妾、婢女；有的被别人买去做外室，过了一段时间又被转卖；还有的流入江湖，被迫随人一起行骗。

拐卖妇女的常用手段，有强掠和诱拐等多种。清雍正年间，在江苏一带有一批人贩子，每当看到女子有姿色者，就掠卖到他乡，让她们沦落为奴婢、妓女，不能再与父母相见。另据《清实录·光绪朝实录》记载，光绪年间，在湖北一带有一批人贩子，专门从事掠卖人口之事，当地的许多妇女，经常被他们“纠众虏抢，勒令收赎，否则径行转卖”。这些人贩子甚至还买通衙役、地保，狼狈为奸。

人贩子诱拐妇女的骗术用心狡诈，令人防不胜防。有的人贩子，串通当地一些江湖骗子、流氓无赖，这些人得到好处就诱骗邻里女子甚至亲友家的女子上当，让人贩子轻易得逞；有的人贩子，干脆就是亲手拐卖自己亲属中的女性。

《初刻拍案惊奇》卷三十六有这样一个故事：唐代，山东一个富翁，有个女儿，美丽非凡，从小与一个表兄相慕，已经私订终身。只是她的表兄家境贫寒，富翁不应允这门亲事，反而为她另择夫婿，并准备不日嫁女。这女子着急了，与她的奶娘商量。不想这奶娘并不是什么好人，她骗女子说："我去约定了他，你私下与他走了。"实际上，这奶娘根本没去约这女子的表兄，反而与自己的儿子私下商量，骗卖了她。

有的人贩子，利用男色，千方百计打动女子之心，等时机成熟，以一同私奔为名，将妇人神不知、鬼不觉地拐卖他乡。《上海黑幕》记载了发生在清末的一件实事：在上海附近一个家庭里有个女儿，十七岁时与一青年相识，私订终身。在这个青年的蛊惑下，她把家中所有钱物一掠而空，偷偷地随这青年逃到东北、内蒙古一带。哪里知道这位风度翩翩的青年正是一个以拐卖妇女为业的江湖骗子，他先是拿走了女孩所带的财物，然后把她卖到了妓院。

还有的人贩子是利用婚娶拐骗术，也就是迎婚接亲之后，再将女子卖掉。清末在上海租界，一户人家的女子与邻居一青年男子成亲，婚后，男青年的父亲借口要去故乡祭扫祖先，希望儿子儿媳同去，像这样的事儿，女方父母岂有不准之理。谁料这对父子也是人贩子，到了南京后就将她卖给官宦人家做小妾了。

在拐卖妇女的匪徒中，还有女性人贩子。她们利用女子对同性疏于防范的心理，与其聊聊八卦，拉拉家常，以达到拐骗的目的。清代，在成都、重庆一带的乡下，就常有女贩子出没。她们骑着驴在村落之间转悠，看到有妇人骑驴而行，其夫步行尾随其后。女贩子就赶驴上前，与村妇并行，又是互通姓名，又是借故攀亲，聊得热火朝天，暗地里却催促自己的驴子快行。不一会儿，村妇的丈夫就被落在后面了。村妇见不着丈夫，不知如何是好。女人贩子假装安慰道："不用怕，前面有我亲戚。"于是，就将村妇引到匪所。这些被拐骗的妇女，大多饱受折磨，凄苦一生。

小心！人在江湖，别倾家荡产

在清代律法中，将拐骗称作“略人”，所谓略人就是采用计谋哄骗诱引人、骗取钱财。拐匪骗取人财物的手段花样百出，匪夷所思。

在冒充行骗的拐匪中，比较常见的是冒官行骗，或是利用高官的亲属等身份招摇撞骗。清代一桩大骗案，就发生在高官云集的北京。当时北京有一亲王，原是一个清朝开国元勋的后裔，后因犯事受罚，家境困窘，屡卖房地等物。当时京师修建大寺，工匠总管四处搜求殿材。一日，有人来找工匠总管，说他是某王府四品护卫，因为亲王困窘，想卖殿堂旧料，周转救急。工匠总管知道亲王府第所谓旧料，也都是梓楠等贵重木材，于是欣然同来人约定看货之日。这个护卫又来到亲王之家，说他是某某亲王护卫，现在主人要盖一新殿，仰慕亲王府规模宏大，所以带匠人来度量一下，以便如式建造。

亲王应允。到约定之日，骗子带着工匠度量完毕后说，亲王不愿此事为人所知。所以约定在“某庄”立契，让他们先去。

到其日，一人衣着华丽，乘高车而来。自称是亲王，于是立契约，交银两，一切处理完毕。到了约定的时间，他们去拆殿堂时，却被拒之门外。进去才知道，那个亲王是冒充的。

冒充官差而行骗，是拐匪最常用的手段。因为贿赂官吏官差，以求升迁和避祸，是封建社会最常见的现象。

清代有一姓蒋的官吏任浙江巡抚时，经常察访属下官吏不法行为并予以重重惩罚。浙江温郡（今浙江省温州市）太守平素多有劣迹，闻风而惧。一天，来了三个陌生人，住在太守府附近。只要太守升堂，他们一定去观看，平素又常与旅寓里的其他人辩论太守的是非曲直。

太守得报后很害怕，等他们三人出去之时，派人去住处搜他们的行李，有浙江巡抚的访牌，还有关于太守私事的记录。太守更加害怕，他回到府里，又有人来报告说旅馆里的三个人回来后，知道太守动过行李，说是“机事泄矣”，已经乘船走了。太守赶快追赶，送给三位“公差”一些柑橘，中间藏有金银等贿赂之物。后来才知这些人并非府差，而是一伙骗子。

许多想要当官的人，也常为骗子所骗，骗子借封官许愿为名诈其钱物。清代姑苏门外，有空房出租，有一批骗子租下空房，布置得华丽异常，主谋身着四品官服，出入乘四抬大轿，仆从云集，来访宾客，皆是有身份之人。等众人都知他是候补四品知府时，他们的骗术便开始实施了。一天，他府上的仆人说主人家资亿万，举家都以人参代茶，差他们出来购买人参。他们装模作样看了十多家，都说不合意，有店主答应给他们回扣，他们先称一些试吃，然后说他们太夫人赞叹此参，于是，买下许多好人参，让店主派人去取钱。

取钱人到了华丽官宅，主人把箱子打开，正要拆银封，忽有人很着急地招呼主人；主人锁上银箱，让二人稍待，便匆匆而去。之后楼下又是幼仆戏谑，又是老者怒骂，喧闹半天后寂然无声。等他们再一细看，屋内无一件值钱之物：钟表是只有表面，箱子等都是用纸糊的，那个有银子的箱子底部与楼下凿通，银子早已被趁乱运走了。

还有一个终日在官场投机钻营的倪某，失意落魄之时住在旅馆里。一日，他住的旅馆里来了一人，看起来十分气派，“章服华焕，仆从趋跄，往来之客，络绎不绝”。倪某立即探问，仆人说他们老爷是山东大名府（今河北省大名县）总管，因为府尹公子结婚，来此置办衣服首饰，并趁此机会找一些懂律法、钱粮的人去他那里做官。倪某有意巴结，竟与来人结下“莫逆之交”。

这人告诉倪某，他是一个性情爽直、目不识丁的人。以后，一有书信，就要倪某来读来复。一天，府尹来信，让他访人做官，并置办衣物等，总管答应让倪某去做官，并立即修书让人速送聘书，说自己首饰没有造完，过几日再一起动身。但过了几天，总管又来对倪某说，他定下的物品，因为带的现钱不足，欠着人家的账，人家不肯让他带走。但首饰店主已访知“山东总管”的大名，也知道倪某要去他那里当官，所以他们一来，招待得也很殷勤。那位总管对店主说：“你不信任我，就把倪先生留在这里为质，等来请倪先生时，所欠之银一并带到，决无贻误！”倪某也愿以己为质，讨总管欢心。交完货物，他们一直没有等到山东府来人，去大名府一问，也根本没有此事，乃是一伙拐匪布置的圈套。

还有的拐匪冒充官家子弟行骗。清代一位宰相，曾保举其门人做了江南中丞。骗子知之，派一少年假扮丞相公子造访中丞，声称需两千两银子在江南用度。见中丞有疑心，又假作恼怒，愤愤而去，直待中丞追送，又赠送黄金，才勉强收下，以这么一个简单的手段竟然骗得几千两银钱。

《夜雨秋灯录》中还有这样一个故事：清代江南有一商人，家中子、侄皆参加科举，正想找个门路，以求中举，于是又有骗子来光顾了。一天，有人叩门求见，说是他朋友的至交，是主考官聘来阅卷的。商人再三邀请，那人才来赴宴。席上，商人请那人对子、侄关照，那人一再推托，直到商人答应出重金相谢才答应下来。为了让商人坚信不疑，骗子又使一招“撒手锏”，让商人在学使门口相候，骗子则假充杂役潜入学使府，然后在其他骗子协助下换上华服，走出学使府门。学使府内的巡官见他衣衫华贵，又自内而出，以为是贵客，任其来去。商人自然消去疑心，将钱交与他去打通关节。等到发榜之时，他子、侄皆落榜，他一再探问，方知那人是骗子。想要贿赂以求子、侄中举的商人就这样被骗去几千两银子。

当然，拐骗钱财的骗术也绝不只是冒充官员和官差等，还有许多其他花样。

《上海黑幕》里有个这样的故事：晚清时期，上海有个极为有名的江湖骗子朱东升。一天下午，朱东升在外滩一带闲逛，看到路上有从运煤车上掉下来的煤块，他拾起来看到毫无用处，正准备把它抛到黄浦江里，忽然望见江面上有一艘外国军舰停泊在近处，他马上把煤块放进衣袋，让小船把自己拉到兵舰旁，求见舰长。朱东升本来就熟悉洋文，上舰与舰长寒暄后就取出煤块，自我介绍说是上海南城煤店的“跑街”（现在所说的业务员、推销员），特来推销优良煤炭。

舰长为他的花言巧语所打动，委托他承办五百吨煤，每吨的煤价为白银七两多。双方说好，第三天下午，一方交钱，一方交货，二人又郑重其事地订下了成交合同。诸事办妥，朱东升离舰后便赶到一家煤店，拿出合同，声称自己是外国兵舰上的翻译官，所在兵舰要在近日起锚，想在两日内买到煤炭五百吨，价格贵贱都没有关系。像这样的大宗好买卖，店主自然愿做，马上答应。

第三天上午，朱东升提前来到煤店，监督货物的装运。然后，和店主一起来到兵舰旁。他先登上兵舰，谒见舰长，言明货已准时运到。上货过磅，运卸完毕后，船长拿出银行现期支票一张，让朱东升自己去银行兑现钱款。朱东升拿着支票返回货船，对店主说道：“你在这里稍候片刻，等我去银行把现金提取出来，马上便交给你。”接着他跳上小舢板船，直奔银行去提取现金，然后逃之夭夭。

许多年后，作恶多端的朱东升才被拘捕。当时的上海县令命人在他脸上刻上了“巨骗”二字，上面涂了米醋，使它永远也消退不去。朱东升出狱后脸上带此二字，再也无法继续行骗了。

其实，类似的骗术在明代就发生过。明代张庆俞著有《杜骗新书》，书中有记载说，当时江西有一个叫陈庆的人，经常贩卖马匹。有一次买到一匹好马，价值约四十金。这时一人“擎好伞，穿色衣，翩然而来，伫立瞻顾，不忍舍去”，然后问了马的价格，说他想要买下来，但是说自己手头没有钱，让他随自己回家去作契兑银，说他家住洪武门。于是这人就骑上好马，陈庆也骑马随后上路。

走到半路，这人把马拴在一家缎店门口，把好伞也给了陈庆让他看着，自己进去买缎子。进店之后，他骗老板说自己要拿缎子给一个识货的朋友去看看，而且自己的“伙计”陈庆就在外面等着，老板同意了，于是骗子带着几匹好缎出门逃走了。等了许久不见人来，陈庆准备走了，却被缎店老板拉住，但是两方怎么能说得清楚，于是一同去见官。府尹作为一个局外人，看得更透彻一些，弄清楚事情的前后，他便知道，他们是被这个人骗了。用别人的马来骗取别人的缎，可是现在找不到那个骗子，损失了几匹好缎的老板也只得自认倒霉了。

所以，江湖骗子的诡计太狡诈，我们要好好防范！

遇到有人打家劫舍怎么办

劫，就是抢劫。抢劫的人称为劫盗。《晋书·刑法志》总结其特征是“加威势下手取财”。在抢劫之时，又有许多骗术相辅助，所以称为劫骗。劫骗大致又分两类：剪径和打家劫舍。

剪径

剪径多指在小路上抢劫。这种情况大半发生在偏僻的路上，做这类“买卖”的人叫“短途客”。他们有的是单独打劫，劫匪多半武功高强，像《水浒传》中的九纹龙史进、青面兽杨志、菜园子张青等，在成为梁山好汉之前，都做过剪径的绿林豪客。有的单独行劫的劫匪采用“拉大旗作虎皮”的方法，冒用江湖上名气很大的人物，吓唬来往行人客商。这方面最有名的就是《水浒传》中那个假装李逵在树林中行劫的李鬼，只因江湖上提起李逵的名字神鬼也怕，所以用李逵的名字在那里剪径。更多的劫匪则是结伙作案，先是土匪的诱饵装作歇脚的行人坐在路旁，一旦发现过路的客商油水较多，就立即发出信号，事先隐蔽的匪众一拥而上，将行人抢劫一空才离去。

剪径的另一种方式是结伙在人迹较稀的路上，冒充官差等设卡，以检查为名敲诈来往的行人客商。清代赵士麟《武林草附刻·正风俗》中记载，雍正年间，在杭州，就有一批江湖无赖串通关役，在出产茶、笋等物的地方冒充官差，“设务抽税”，劫掠客商。

另有一种剪径匪，在清代称为“江洋大盗”。这类人，还有很多称呼，如水匪、水贼、水盗等。他们专在水泊、岸边作案。他们当中，比较常见的是以艄公的身份，载着客人行至无人之处，亮出刀来向客人强索钱财，有的干脆将乘客一刀杀了沉尸江中。像《水浒传》中的船火儿张横、混江龙李俊及童威、童猛等，都是做这种“生意”的。《水浒传》第三十七回中，宋江被刺配江州，途经一大江，那船夫就是船火儿张横。船至江心之时，艄公拿出一把刀，问宋江他们是想“吃板刀面”还是“吃馄饨”，并解释说，“吃板刀面”就是把你们砍了丢下江去，“吃馄饨”就是你们自己脱光衣服跳下去。幸亏有宋江的朋友及时赶来相救，要不然真的要像宋江所叹“吾命休矣”。

另如，第六十五回也有类似的事情，梁山好汉浪里白条张顺去请神医安道全为宋江医背疮，途经扬子江时天色已晚，恰巧江边有一小船，艄公说今晚可在他船上住宿，明早过江。张顺连日奔走，实在太累，上船就躺下睡去。艄公见他包里尽是黄金，便将他绑起，把船摇到江心，将张顺丢进江中。张顺咬断绳子才逃上岸去。

有的水上强盗是聚众抢劫，像嘉庆年间的蔡牵，就是一个海盗团伙的首领，他率众横行海上，声威极盛。直到闽浙水师剿灭他们时，自己也“喋血于狂风巨浪中，兵勇伤残极众”，可见海盗声威之盛，这类水匪抢劫船只，是轻而易举能够得逞的。

有的水匪是非职业性的，经常是纠集起来的江湖无赖，在江海湖上能诈就诈，能抢就抢。明代成化年间，有一批强梁之徒在运河与长江沿岸的交通要道上，三五成群，专门打抢河道上的过往船只。此时，上至九江，下至苏州，沿江多有凶恶之徒，三五成群，驾驶船只，大白天在江上中途拦截客商船只，殴人抢物，甚至有杀人劫物的。明代中叶，贩卖私盐之风日盛。据《皇明经世文编》记载，当时有一些“游手”之徒，不务正业，驾船在江上走私强卖私盐。谁不愿买，就将私盐一包藏入他的船上，自己口称是缉私巡捕，诈取钱财。卖完私盐后，就四处浮游，看到人少的船只，又动手抢劫，手段和海盗极为相似。

有的水匪是霸占渡口码头，或者在水面上设置关卡，冒充官差巡捕劫骗。还有的冒充官差把持沿水路的闸坝，诈骗过路漕军或客商。

宋代蔡久轩在《霸渡》中写了一个叫郑在九的水匪。他豪踞一方，聚集匪类，肆意劫夺往来过渡客人。自明清以来，青帮、洪帮等江湖帮会兴起，经常霸占码头。

《上海黑幕》中描述，清代在南方各省，无论是县城还是乡镇，凡是市面稍为繁荣的，帮会势力都要插上一足。清末，上海有一个著名的强盗蔡某，是红帮中的头目，他控制了江苏省内的七处码头，但仍不满足，经常谋划抢夺别的江湖人物占据的码头。其他码头的帮首无力与他抗衡，遂奉蔡某为各码头的总舵主，向蔡某进贡。蔡某后来因杀人被官府捕获，官府张榜号召民众前来投诉。不过几日，被投诉的罪名就有一百多个，有的是杀人，有的是抢劫，有的是拐卖人口……每项罪状都是杀头之罪。

打家劫舍术

打家劫舍是风门匪众又一常为之事。他们做这种生意也大多辅以骗术，令被劫对象猝不及防。他们在抢劫之前，多有眼线协助。这些线人，先到抢劫目标家探察情况，然后详细报给劫匪。在清代劫匪的行话中，这叫“献地图”。凡是干这种勾当的线人，一旦劫匪作案得手，都可得到固定的酬谢。这类人以女性为多。

《上海黑幕》中记载了这样一件真事：清代宣统年间，在上海一府第后门，有一中年女巫在招揽生意。她看到一个女仆在门口做活儿，就上前恐吓说女仆要大祸临头了，因为她“印堂黑暗，山根将断”。女仆惊慌失措，急忙请教解救方法。女巫又装腔作势，让女仆端来一杯水，画了一道符，烧后放入水中，让女仆饮下，说饮后可保平安。其实，女巫已暗中放进了令人痰迷心窍的药物，服后第二天就会胸闷作呕，神志恍惚，口中胡言乱语。女巫又诈教救治之法，过了两天，那女仆药力消退，病自然好了。合家上下还以为是女巫法力高强，心中十分信服。过了半个月，女巫又来到这个府第，合家上下都热情接待，连女主人也让女巫相面。女巫趁相面之机，将府中人口情况、各处位置一一记下，特别是箱笼摆放位置，更是牢记在心。女巫走后，没出三天，府第中忽起劫案。强盗破门而入，闯入主人房中，翻箱倒柜，搜刮现金、首饰，约值千余金，呼啸而去。

里应外合是劫匪抢劫的又一常用骗术。这样不仅可速战速决，还能利用内应消除作案留下的痕迹。

光绪年间，在南方某镇有一个首富姓马，是开布庄的。马家的第二个儿子是个浪荡子，结交匪类，每年挥霍家产无数。他被父亲逐出家门后，就被拉入了红帮。当地的帮主吹捧他仗义疏财，是江南的及时雨；又从帮中拿出大量现金供他使用。其实这都是精心设计的圈套。

有一天，帮主召马二到堂议事，说入帮以来，从他手中花出去的钱已有上万之多，现在帮里缺经费，要马二想办法去弄。马二能有什么办法呢？于是帮主亮出底牌，说让他做内应去抢劫马家布庄。

见马二有些犹豫，帮王又威胁说，要是不服从，就按帮规让他死无全尸。在帮主的威胁下，马二只好答应下来。在一天晚上带着强盗闯入自己的家，他们脸上蒙着黑布，把店中的人都捆上，然后由马二带领，毫不费力地找出所有的金银财宝和现款，装入事先准备好的布袋。

还有一种里应外合术更狠。在明代，一座县衙边有一大典当铺，贮积货物巨万，人以物件当者，皆能有钱收之。一天，来了个容貌雄伟的当客，直接走进堂内，故作神秘地说自己干些黑道的事，所以累年积得器物甚多。前月拦得赃官九个柜，多有宝贝器玩，一时难以变卖。当铺若能收当，可以当面估其值，可先将货值十分之一交付他，其余卖后均分其价。店主也是利欲熏心，着急看货。这人就说，货物极多，有九个大柜子，不便在外面看。他让店主买通守城者，当夜勿闭门，由当客雇十八人来江边将柜子抬入店铺，当面看定，估计价值，两相交付。店主夜间吩咐守城者留门，当客雇来的十八人往江边扛货，果然抬了九个大柜入店。

等闭上外门，这人用钥匙把柜锁都打开，结果每个柜子里跳出二人，各执短刀，将店内所有人都绑缚，将铺内货物尽数收入九个柜内，十八人分抬出城，连夜扛上船，开船而去，不知去向了。

你看，这个劫骗术确实难防。但要是当铺老板白天亲自到船上察看柜内货物，那这骗术就没法进行了。说白了，还是贪心反被贪心误啊！店主怕被官府查到黑利，同意夜间看货，还买通守城者留门让其出入，结果被劫一空，这真是开门揖盗，利令智昏啊。

做眼线诱饵的大多是外表忠厚、内心狡诈、眼光锐利之徒，能采用各种方法探查出客人财富的多寡。比如，在清代，活跃在东北一带的马贼（又称“胡子”），他们的诱饵就能从人的面貌神情看出行人是否有巨款，还能从人和马队脚印的轻重看出行人财物的多寡。如果发现有油水可捞，这类诱饵就会千方百计把客商诱到同伙埋伏之地，抢劫财物。

劫匪打家劫舍，经常是兵匪勾结，甚至是官匪沆瀣一气。《上海黑幕》记载，晚清时，在某省某州附近十余个县，是青帮经常出没的区域。其中某县有个叫十八段的地方，方圆数十里，几乎全是帮匪的地盘，为首的名叫顾三五子。这些帮匪，无事时耕种田地，做生意，一如平常百姓，一有命令，即成为匪。开始是抢劫行人，掠夺附近地面；后来又组成大队去抢劫其他县。该省巡抚密令某统领率兵一千人驰赴犯案地点驻扎，相机剿灭。谁知两军照面，统领和顾三五子是同帮弟兄。二人狼狈为奸，秘密商定，顾三五子不得在本州境内作案，派人外出抢掠，事先要通知该统领，好处共得。此后，附近县城抢劫之事大减，该统领声威大震，自然加官晋爵。只是稍远一些的其他地方却劫案频频。

除剪径和打家劫舍之外，还有其他劫骗形式。劫匪活动之处，除了崇山峻岭、荒野小路、江中海上之外，在其他各处也有风门带刀劫匪的身影。他们或劫或诈或骗，更多的是骗劫诈结合，软硬兼施，他们手段阴险，使人难以防范，不是相当警觉者很难识别出他们的诡计。他们有的利用女色，诱人入彀（gòu），然后抢劫；有的利用迷药，致人于昏醉状态然后抢劫；有的利用计谋，骗人至某地进行抢劫。

在《水浒传》中，有好几处写了开黑店利用“蒙汗药”将客人麻醉，然后抢劫、杀人的故事。如第二十七回《武都头十字坡遇张青》中，武松被充军发配到孟州牢城，途中路过一个叫十字坡的地方。十字坡酒馆的女店主看到武松身上沉重的包袱，热情地把他们拉到店中，端上酒肉。她的酒就是蒙汗药酒，幸亏武松是个老江湖，才没有上当，否则也会和许多吃饭的有钱人一样，被开黑店的女店主“用蒙汗药麻倒杀死，大块的好肉当牛肉卖，零碎肉做包子”。

还有第三十六回《梁山泊吴用举戴宗　揭阳岭宋江逢李俊》中，宋江和押解他的两个公差在路上一家酒馆吃饭，店主看到宋江包裹里有许多银两，就用蒙汗药酒将三人麻倒，拖到了后边案板上，等到伙计回来就要动手“开剥”。幸亏宋江朋友赶到才救了他。第十六回《吴用智劫生辰纲》中，晁盖、吴用等七位江湖人物，也是利用蒙汗药麻倒官兵，劫走大名府知府给太尉高俅的生日贺礼“生辰纲”的。虽然不能说这些江湖好汉都是劫匪，但他们所用的确是劫匪常用的江湖骗劫术。

有的劫匪是将抢劫对象骗到指定地点，将其抢劫一空，过后又使被害人不敢报案。劫匪们先在僻静处租一间房子，然后四处探访可敲诈的对象，条件是家境比较富有而又无大官做硬后台的。假如劫匪选中了甲，再探听一个与甲最亲近的朋友乙。然后派一衣冠楚楚之人，来到甲处，递上一份书信，声称乙有要事与甲面商，现在某处等，特派自己来接，请他马上就去。等把甲骗到屋里，就有几个满脸凶相、手持刀棒的人，把甲围在中央，声称要借些钱花。在这种情况下，甲只好把随身之物一一奉上。贪心的劫匪可能还会先扣押他，让他再写信给一富有亲友，骗到这里如法炮制。这种劫骗之法，在清末江湖中叫“拔人”。

类似的还有利用线人将抢劫对象骗到指定地点作案的。

清代的青帮中多有这类劫匪。清末在上海沪北某里，有一个青帮的秘密据点，住的都是青年女子，实际上都是青帮女匪。她们自称“十姐妹”，屡设骗局劫骗。一天，十姐妹中的老七认识了一个姓孙的少年，少年是豪门之后，老七又通过他认识了他的妹妹喜珠。老七把喜珠带到黑据点中，与名为老三、老五、老八的常打麻将。忽有一天，几人合伙说喜珠欠她们一大笔钱，不还就要报官，并有凶汉几人相威胁。喜珠没有办法，只好将当天佩戴的首饰全部交出。

窃骗术

行窃之贼也有两类，一类是纯技术型的，全凭手上的偷窃技巧；另一类是以许多骗术相辅助，这就是我们要说的窃骗术。窃骗术又分几种：

一、“告一状”

“告一状”，就是撞一下的意思。是指几个窃贼合伙，选择好偷窃对象后，用力一推一个同伙，使他与行人相撞，乘机下手行窃，得手后几人又假装打斗离开现场。

二、“对买术”

“对买术”，是指以买东西为幌子乘机行窃之术。做这类生意的在清代叫“对买贼”。他们的目标主要是药行、珠宝店等店铺。《上海黑幕》记载了一个姓郑的对买贼的窃骗之术。他一般都伪装阔绰，如同巨商大贾，住高等客栈，出门时让同伙扮作仆役，所携带的行李简单而整齐，从外表看，似乎内中藏金。有时根据要偷的东西不同，有不同的着装。比如，要偷的是人参之类贵重药材或金银珠宝类的贵重首饰，则穿一特制的长袍，外罩一件马褂。这种衣服的挂肩比较大，两手可以时出时入，任意伸缩，利用一只手挑选之机，另一只手即行偷窃。

具体的方法是：当挑选参枝时，将左手缩进胸前，从长袍大襟处伸出。再从马褂肩内伸出到马褂袖口，于是其左手这时已在长袍的右袖之外，马褂的右袖之中了。店里的伙计茫然不知来客左手已经“失踪”，只见其右手在挑拣，哪里想到还有第三只手在其中作祟。窃贼于是在右手挑拣之时，暗把左手伸到马褂下部，将参枝拿入袖内，然后左手缩回胸前，把参枝放入胸前特制的口袋。用这种方法还可以窃得珠宝首饰。《上海黑幕》中有个这样的故事：在清末，上海普庄里的一个妓女同一善于利用此术行窃的人相好，二人经常合伙作案。店伙见他携一女眷，且衣饰奢华，以为大有生意可做，自然竭力逢迎，将手镯、戒指、耳环、表链等罗列于案头。结果，这个窃贼只花数十元买了些表链、耳环，却窃来了千倍于此价的东西。

对买贼另一常光顾之地是绸缎店，特别是一些大绸缎店，因为这类店货物充足，买客拥挤，下手较容易。行窃的方法是扮成淘人，入店后慢慢挑选，趁机将一匹绸缎展开数尺，覆盖在其他的绸缎上面，然后将下面要窃的绸缎拉出柜台，藏于身上。

三、障眼术

所谓障眼术，就是利用种种方法吸引人的注意力而趁机行窃之术。窃贼们周密计划，任你防范再严，也难逃被偷之厄运。

明代张应俞的《杜骗新书》记录了一个“巷门口诈买窃布”的故事。说在一大街中，有条小巷，巷子通往另一条街。巷口为亭，亭中列两凳，让人坐息。亭旁两边，都是土城，土城的中间是进入人家的路。过了土城稍一转弯，就能见到前面的大路了。有一天，有一骗子在亭子里坐着，见有一布商背着布走来，认出这人并非本城之人，心知其可哄，就喊：“买布！进亭来。”骗子反复拣择，拿六匹在手，说：“要买三匹，我拿六匹入内再去挑挑。”于是就转入巷路，从另一条街逃了。布商坐许久，只看到有一二行路者过此，有点怀疑，于是随其后而入。一转，见两旁并无人家，直前则出大路，方知是被骗了。布商只好大骂一通，懊恨而去。其实，这个骗术不难识破，应该跟至其家，稳妥了方可交付东西。不然的话，就是公共之门，里面人烟丛杂，也未可轻信。

清代学者丁树诚在《仕隐斋涉笔》中也记录了当时这样一件奇闻：

有一个贩布的布商在街边摆摊。布的种类和数量都很多，质量上乘。对面有一个茶社，非常热闹。集市上的人越来越多，非常拥挤时，有个人悄声对着布贩的耳朵说：“我想偷走对面茶馆的铜炊壶。只有在你这里能看到，还希望你多多关照我，别声张。”

贩曰：“窃他人物，干我何事。”

小偷再三叮嘱，就开始行动了。

布贩看饮茶的人那么多，炊壶又大又重，不可能藏在袖里顺走，就想留意看看对方用什么方法来偷走。

小偷进入茶社，故意在炊炉旁边反复观摩，还将壶盖揭开看，就着炉火吸烟，又向布贩挤眉弄眼示意，故意摇手。结果盘旋许久，还是没有将炊壶偷出，只得离开。布贩跟看戏一样专注地看小偷如何偷壶，见小偷“铩羽而归”，便回神看自己的摊位，没想到柜子上四五捆上等的好布竟被人偷走了。这就是小偷团伙的声东击西之法，假装要偷壶，使之瞩目，实则是要偷布。

这布贩看小偷要偷别人东西，不但不制止，反而幸灾乐祸，要看别人倒霉，不想小偷正是利用他这种心理，吸引他的注意力，偷走他的布匹。

赌术的由来

将局赌也列入风门之中，是因为以赌博为职业、借赌博骗人的江湖骗子，和抢劫、偷窃并无本质的不同。特别是设局赌骗，诈人钱财，更是手段狠毒，常使人家破人亡。

在中国，赌博很早就产生了。春秋时的晋灵公就喜欢赌博，他曾下令工匠造一座华丽大殿作为赌博的场所，幸亏一个叫孙息的大臣劝谏才停止。在中国，赌博的种类很多，唐中宗时，流行赌叶子，其实就是后来的麻将。唐代苏鹗在《同昌公主传》中说，同昌公主赌叶子时，就常常夜以继日地豪赌。明末清初之时，又流行类似今天麻将牌的赌博玩法，称为“马吊”或“溷（hùn）江牌”。清初申涵光在《荆园小语》中说：“赌钱乃市井事，士大夫往往好之。至近日，南之马吊，北之溷江牌，穷日累夜，若痴若狂。”

其他像斗牛、斗鸡、斗鹌鹑、斗蟋蟀、赛鸽、斗草、玩牙牌等，都是古代赌博的方式。许多市井无赖，往往热衷聚赌，荒嬉人生，也有许多人怀着侥幸心理，流连于赌场，结果是输个精光，甚至倾家荡产，走上绝路。晚清上海刊印的《点石斋画报》上，就有一则赌徒赌输了，竟然把妻子也抵押出去继续赌的新闻。所以古人说赌博是“费自家心、自家力、自家财”，百害而无一利的恶习。在《二刻拍案惊奇》中，有诗形容赌博的害处是：

输去心中苦，赢来众口馋。
到头终一败，辛苦为谁甜？

为什么总是这样呢？这是因为古往今来，赌博的输赢都是极快之事，自然便会有人利用它作为牟利之术，这就是赌博中的骗术，挟此技行走江湖的人被称为赌棍、赌匪，在清代江湖中又称为“老千”“郎中”（推牌九的行家）等。他们作弊的骗术确实匪夷所思，一旦涉足他们布下的赌局，只有输没有赢。

赌门骗术共分作弊术和诱赌术两大类。

作弊术

作弊术以其使用的赌具不同又可分为几类。

一、“牌九”作弊

牌九又称天九，共有三十二扇，有“天、地、人、和”

等牌，赌法有很多。牌九是我国古代社会中最常见的赌博工具。到现在，在我国农村仍有许多人用它赌钱。推牌九的高手，也就是专业赌棍，有的是眼力极好，有的是记忆力极佳，更多的是骗术极高，或者三者兼而有之。他们骗诈相结合，古往今来不知坑骗了多少人。他们的骗术按其程序主要有记牌、控骰、换牌这几种。

记牌是专业赌棍首先要练习的作弊术。凡以此为职业的人，对全副三十二张牌任何一张都能默记。如果没有这种本领，就要在牌铺定做一副竹牌，每对需用同一段竹子刻成，这样只需识别十六张牌的纹络，就能熟识全副三十二张牌。还可以在牌的横头处染上很小的污点为标记，如将天牌染左角，地牌染右角，诸如此类。还可以记住牌边所镶的“准头”，用竹子做的牌，每张牌牌竹和牙骨相合处，必然有参差不齐的点，这些点就是要记住的“准头”。记住这些特点就能辨认不同的牌。

记牌只是行骗的第一步，关键在于第二步：如何将好牌拿到自己手里，这就需要在骰子上下功夫，就是利用种种方法使骰子达到理想点数，拿到自己想要的牌，这就叫“控骰”。控骰的手法有许多种。一是将骰子的中间挖空，充以水银、象牙粉、铅等，用时只需将骰子在赌台上一拍，骰子里面的水银等立即下沉，然后举手掷出，要什么点就是什么点，得心应手；二是将骰子锉成方角形，非常笨重，使用时全靠平时练就的熟练功夫，掷出理想点色；三是在骰子中放置铁粉，投骰子时下面用磁石控制。诸如此类，还有许多。

还有一种绝招叫换牌。赌棍们能用不佳的牌换入自己想要的上好的牌。其手法一是先在袖中藏一张牌，必要时取出与某一牌调换。到最后洗牌时，还得把该牌放回袖中，不然会出现三张同样的牌，被人发觉；二是用两张无用的牌，换回近处一排牌尾的两张牌。玩这种手段，一是必须在每次洗牌时，事先挑出两个点色大的牌，垒成一幢，放在牌尾，以备调用；二是在别人牌的拐角处拿掉两个，而用两个无用的牌顶替。凡此种种，都是赌棍的换牌术。还有更玄妙的是能在取牌的一刹那将大牌换回自己手上。

《上海黑幕》中说，会这种手法的在清代时以扬州十二圩仙女庙镇人为多。他们将四副牌按顺序在桌上排成一字形，明知三副都是小点，只是第二副点最大，掷出点色，取第一副或第三副，却能在瞬间把第二副大的牌换到手上。综上可见，像这种赌钱方式，任谁都会被这些赌棍赢得精光。他们有如此本领和工具，想同他们争输赢，无疑是自寻死路。古代有俗语将赌列为“五毒”之一，认为吃不穷，穿不穷，赌则是无底坑。这确是警世之语。

二、麻将的作弊术

麻将牌正式诞生于清宣宗道光二十年（1840），是由宁波人陈政伦发明的。民国初年雷瑨（jìn）考证之后认为，英国人占领浙江定海（今舟山岛）时，宁波人陈政伦掌管渔业，以马吊为基础发明了“麻雀牌”，目的是“使渔人乐此，不致有怠惰离散之意”。

清末徐珂在《清稗类钞》中也说：“麻雀（麻将）亦叶子之一，以之为博，曰‘叉麻雀’，凡一百三十六，曰筒，曰索，曰万，曰东、南、西、北，曰龙、凤、白（亦作中、发、白），始于浙之宁波，其后不胫而走，遂遍南北……”由于许多人都耽于玩麻将，自然又有许多赌棍以之骗人生财。

麻将牌的作弊术，主要有三种：

一是记牌法。麻将牌也有自己的记牌法，主要的方法就是“点睛”，即偷偷地在牌角做记号。作弊“点睛”的人手指头上常偷沾一种特殊的油脂，经过他们手摸过的牌，必然会染上很细小的油点；染牌的规定很严格，万、索、筒都有固定的方位，所染的点很小，小到极难察觉。一般人根本想不到这种骗人手段。

二是换牌法。麻将牌的换牌法也有许多种，水平比较低的是从自己吃掉的牌中偷换，然后趁机将这吃的几张牌混入牌池，无从对证。水平比较高者把牌藏在手掌心或五指之间。这样，在伸手摸牌、往前提牌时，就能用手里无用的牌换回好牌。《上海黑幕》记载，有个老赌徒姓马，浙江人，到民国初年时已有几十年的赌龄。他一下手就可换掉三张牌。他还有一项绝技，能扔出两只骰子，想得几点就能得几点，这样坐庄的时候或轮到他掷骰子的时候就可得到事先为自己码好的牌。

三是抬轿法。所谓“抬轿法”，就是串通几个人坑害某个人的方法。比如，四人同局，甲乙两人对面坐，装作素不相识。赌博时，甲暗示需要某张牌，乙心领神会，及时放出；反之亦然。之所以如此，是因为他们之间事先已规定好了通风报信的方法，这就是“手令”和“口令”。“口令”是用一个字代表一张牌，如以顺、湿、稳代表中、发、白等，想要什么牌，就可应口令如期而至；至于“手令”，更是五花八门，手指的动作，敲桌子的节奏，摸牌的手势都能充当手令。

三、押宝赌作弊术

所谓押宝赌，又称“押红宝”，是用骰子的点数来决定输赢。掷骰的方式很多，不仅在赌场，在一些集市、寺庙、街头、巷尾也常见。

押宝作弊术一般是将骰子灌上铅锌金属，用磁铁来操纵骰子的转动；也有的是用灌水银，还有我们前面已经提过的锉方角等方式行骗的。用磁铁作弊的赌徒，有的将磁铁藏在手上，有的将磁铁藏在脚趾间，还有的放置地方更令人意想不到。

清末有一个姓潘的赌徒，赌技高超，擅长押宝。他把骰子中间挖空，灌上铅，把吸铁石藏在脚趾之间。如果想要什么点，就从赌桌下面用吸铁石吸住。这种方法使他战无不胜。

清宣统年间，有一个年轻的赌徒一直以玩骰子为职业，凭吸铁石作弊来赢钱。有一天，他遇到了一个老赌徒，这老赌徒头戴帽子，他下注由轻到重，一会儿，忽然拿出钱袋下注在一个冷门上，等到开盆时（摇宝时都有盖子盖上装有骰子的盆，又称宝盆），老头急忙上前观看，头低得快贴着盆子了，点色果然被老头押中。原来，青年赌徒一直用吸铁石在赌桌下面吸转骰子。当老头拿起钱袋押在冷门时，他又用吸铁石从赌桌下面吸转了骰子，这一切被老头都看到了。老头等他用吸铁石转动骰子后，用吸铁石又把骰子转了过来。老头的吸铁石就藏在他戴的那顶有长檐的帽子里。

押宝作弊术还有一种常见的方式是先败后胜。清末某日，在一个赌场上，一个在江湖上滚打多年的赌徒坐在庄家位置。赌到半途，他输了一大笔钱。再摇骰子时，大家打开一看，是十一点，他又赔了上千元。他很是急躁，随手一甩把盖子盖上，照付了赔钱。匆忙间，似乎忘了把盆子拿起来重摇，其他赌客却早看到盆中仍是十一点，所以大把押注，一时间，下注如雨，多达六千多元，几乎把各自带来的钱全都下注了。谁想一开盆，点数不知怎么变成了三。结果，所有注钱都被这赌徒吃掉。

四、蟋蟀赌作弊术

用蟋蟀作赌具，在唐宋时已十分流行。其实在唐玄宗天宝年间，长安的富豪就用象牙雕镂的小笼子来养蟋蟀；而斗蟋蟀一次所下的赌注，往往在万金以上。到了清代，京师等地斗蟋蟀更为盛行，赌注也大得惊人，作弊术也就越来越狡诈。在《帝京岁时纪胜》中，也有“都人好畜蟋蟀，秋日贮以精瓷盆盂，赌斗角胜”的记载。按斗蟋蟀的规则，双方将蟋蟀放入斗场后，一切由“裁判员”掌握。蟋蟀斗两次后败北才为输，就是说，如果两只蟋蟀“不搭牙”就不分输赢。“搭牙”一次后，败北的一只必然四处躲避，这时就需“裁判员”用领子（鼠须）把两只蟋蟀赶到一起，再次咬斗。如果上次败北的蟋蟀再次斗输逃跑，就算输定了。要是买通了“裁判员”，他就会在贿赂他的人的蟋蟀处于下风时，拖延时间，不把两只蟋蟀领成对头，让处于下风的一方得到缓气的机会。

怎样买通裁判员呢？具体的方法是：当精神倍增的占上风的蟋蟀刚要张嘴“搭牙”时，“裁判员”用领子一撣上风蟋蟀的尾部，这蟋蟀马上掉头寻找。鼠须细小，别人很难看出“裁判员”在作弊。直到下风者停止了喘息，恢复了斗志，他才又把两只蟋蟀领成对头。这样的骗术，常使该胜者败，该败者胜。

五、抽签赌作弊术

抽签赌也有很多方法，比较常见的是按牌九的牌色，将细签染成天、地、人等牌，共有三十二根，装在竹筒里令人抽之，成副为赢，不成副为输。

庄家作弊，会把签筒子做成双层纸的，层中有线，将赢钱的签子用线拴上，则很难抽到赢签。有的是有同伙站在赌客的身后，将签中的点色暗中告诉庄家，骗子们就可稳操胜券。

在清代，各类沿街叫卖的小贩，比如卖糖人的、卖各类小孩玩具的，也带有赌博签子。以卖糖人的为例，他们用白糖做成人物、禽兽，每当售卖时，用竹签三十二根，上刻骨牌点，装入竹筒令人抽签，并在糖物上面拴挂牌点名色，抽到的点对了就算赢。赌徒们连这些小贩也不放过，专门有一类赌徒以“吃”这些小贩为职业，在当时称“扫条子”。他们将带签筒的小贩的签子中好赢的牌做上记号，然后抽出，骗小贩钱财。做记号的方法，有的是在这类签子上掐成月牙印；有的是在这类签子上用蘸了卤水的棉花一抹，使签子变黄，然后将小贩的货物一扫而空。

六、扑克牌赌作弊术

扑克牌是从西方传入中国的。自扑克牌传入后，在清代的澳门租界、上海租界等地，有许多团伙用它作为赌具赌博。清末在上海成立的S党，就是有名的赌博团伙。该团伙为首的叫王了寿。他少年时，就漂泊到澳门，混迹于黑社会，极善各种赌博之术。后来他在澳门因赌博作弊犯了案，被关进了监狱。他贿赂了看守后从澳门逃到了上海，网罗一批人，成立了专以赌骗为业的S党。王了寿手下的党徒，都有一套用扑克牌作弊的骗术，共计十种方法，他们美其名曰“十全大补汤”。其中有：“要”，就是向同伙要自己需要的牌，让同伙暗中送来；“飞片”，就是把牌飞送给同伙；“带”，就是身上夹带纸牌，需要时换出；“照”，就是用一片极小的、不超过绿豆大小的镜子，让技术高超的工匠把它镶嵌在戒指上面，偷看别人的牌等。这样的赌博，胜败可以说全由王了寿一伙操纵，多少流连于这种赌场的人，都倾家荡产。而王了寿一伙，却大发昧心之财，后来竟然还成了上海有名的大富翁。

诱赌术

以赌骗人最重要的是诱人参赌。赌棍们的口头禅是：“不怕精，不怕良，最怕不入场。”只要入赌场，就很少有人能逃出赌棍们精心设计的骗局。赌棍们诱人参赌有许多专门的技巧，能神不知鬼不觉地将人诱入赌场。他们有的是在路上碰见可骗之人，施用诱骗术将其诱入赌局；还有的是托人搭线，与有钱人家的太太接触，引诱她们参加赌局，骗其钱物；还有的是专门在妓院等处，以女子为诱饵，诱骗一些公子哥儿等参赌，诈骗其钱财。清代的赌坊中都雇有许多无赖以拉人入赌场，这些人被称为“拉牌头”或“牌九司务”。

清末上海流行一句话叫“拉牌头的人四处拉客”。他们每拉到一个赌客，赌场都付给他们一定的报酬。还有诱赌者，本身就是久历江湖的大骗子，他们一般都衣着华贵，出手大方，俨如富商大贾，一遇到诱赌对象，就千方百计与其攀亲结友，或邀入妓院，或请进酒楼。时间一长，就引诱他们参赌，将他们搞得负债累累。

比如，清末有一个叫杜仲美的商人，平时喜欢赌博。一天，在戏院看戏时，他看见两人身着华服，翩翩而至，好像是有钱人家的公子。他们坐在杜的身边，窃窃私语。杜侧耳细听，一人说他昨天在某赌场大获胜利，今天准备再去赢一把。另一人就表示要一同前去。杜是个有赌瘾的人，一听就主动询问，能否一起去赌一赌。其实，这两人正是前来诱他参赌的，岂有不应之理？到了约定时间，两人将杜带入赌场。杜是赌博的内行，接连下注三次，赢得数百银圆，很是高兴。到了第四局，他看准机会，把手里所有的钱都下了注，谁知全部输掉了。杜心里不服气，回家取钱再赌，仍是一输再输。

还有一种诱赌术，是骗子假意教人作弊，到了关键时刻再让他大败。清代在上海等地，有一种秘密的地下赌场，叫“秘密窟”。这是江湖骗子专门准备的临时房屋，开一两次赌局后，就换一个地方。所以，到这里赌博的人被骗，其损失必惨重。

再说个特别有意思的故事。话说辛亥革命那一年，有权有势的人大都逃到上海，把上海当作安乐之所。在上海西部有一个公馆，是一位张姓人的住处。据说他是湖南人，也是避难来到上海的，人们都尊称他为大人。张大人糊里糊涂，行动又非常怪僻。人们说他特别喜欢赌博，尤其能得心应手地掷骰子。但是张大人对骰子的名头知道得并不多，仅知道“五子”，也就是有五个相同的点数，俗称“五子登科”。“一色”，也就是同色，又称“浑花”，即全部为一种点数，在同色中，又以红色为贵。比如，四枚“四”称为“满园春”，四枚“幺”称为“满盘星”。“分相”，就是在六骰之中，三个骰子相同，另三个骰子也相同。

张大人只知道叫这三项，其他的名目一无所知，可是这三项都非常难摇到。张大人好像天长地久无事可做，他每天都与小仆人比赛掷骰子消磨时光。每次赌博，张大人一定要当上风，但上风要的“五子”“分相”是不容易的，他总是输钱。世上竟有如此好的上风，老是输钱，没多少时间，小童仆们口袋就鼓起来了，装满了钱。

张大人声名外扬，不光是他家里的小童仆们同他赌博，外面好几家富人的小童仆也都跑来找他赌博，后来连赌场搓脚和泡脚的仆人也蜂拥而来，找上门跟张大人赌博，而且都能如愿以偿地凯旋。

有一天，张大人忽然对众赌客说，连日来我一直大输，一色、分相竟然看不见一次，但是老夫我不服输，明天同大家拼个大输赢，你们看怎么样？众赌客一听，高兴得连忙答应，第二天张大人对赌客们说，老夫我马上就要回家乡去了，现在还剩一万多元钱，诸君如果能一掷而胜，我将把这一万多元奉送给各位。但不知诸位带的赌本能否与我一万元相匹敌。赌客们听了这话，各倾其钱囊凑了一万五千元，放到桌上说：“够了吧？”张大人看后十分高兴，说道：“诸位都是光明磊落，诚实可靠的君子，我也不说谎话。”马上叫一童仆取来个大皮夹，打开一看，里面的钞票无数。张大人与众赌客都把钱放在桌子上，准备大赌一番，张大人仍然自己当上风，一边抬手掷一下骰子，一边口念叨：“一色何在？”大家都目不转睛地盯着骰子，一个童仆大声喊道，赢了。结果掷出的是“分相”，而不是“一色”，张大人说“分相”也不错。举手再掷，结果是“一色”的点儿。张大人又掷，则得了“五子”。最后赌客们的一万五千元全部被张大人赢到手里。

众赌客大惊失色，瞠目结舌。张大人望着他们微微一笑，说道：“诸位怀疑我的骰子里有鬼吗？我略施小计，请你们看看我的手段。”说完之后，把几枚骰子向身后顺手一掷，口中念道：“六六六。”众赌客凑近跟前一看，果然都是六点，都感到十分惊奇。原来张大人大智若愚，手段如此高明，众人都悻悻而去。

还有一个故事，讲的是清末在上海城里，有一杂货店老板，精明老练。一天，他在某处做客吃饭，座中有人提议玩牌九，主人为了赢得客人欢心，表示同意。吃完饭后，大家一同入局开赌，这位老板不便推辞。开始赢了一些，但到最后共输去一百多块大洋。这位老板平时勤俭持家，此时极为懊悔，告辞回家。那位发起玩牌九的人送他出门，又好言安慰，忽然伏在他耳边说：“你今天输钱，全是因为受了某某之骗。我们也可以以其人之道，还治其人之身。”这位老板想捞回自己输的钱，听了这个赌匪的话，便想用灌铅的骰子作弊赢钱。

一天，这位老板和教用铅骰的人及另外三人又到赌场，老板坐庄。赌了一会儿，一个人突然喝道：“骰子是假的！”另外两人听后，一起把骰子砸开，看到里面果然灌有铅。这三个人大怒，抓住老板和教用铅骰的人，说要见官。那位教用铅骰的人假装不服，而这位老板则吓得磕头作揖，请求宽恕。这三个人不答应，要他拿出三千元来赔偿。这位老板乞求再三，将怀中的三百元拿出来赔偿给三个人，才算了事。出了房门，教用铅骰的人还埋怨老板无能，被人看出破绽。其实这几人都是一伙儿的，设计了这种“倒脱靴”的圈套来骗人。

赌棍们行骗无孔不入。他们行骗的对象不只是有钱人，连一般的百姓也不放过。明代有一福建人叫徐华胜，素性狂傲，酷好赌钱。一日，他买纸往京卖，遇到一个叫张鄂的同乡，曾经很富，却因赌而穷，也买纸往京卖。二人同县异乡，同投宿一家店。两人每在店中下棋，一开始多是赌东道[1]，张鄂棋艺本高很多，却常诈输东道，等待时机。

一日，张鄂已睡，华胜又邀他起来赌东道。鄂心喜曰：“此夜机会可矣。”故推不起。又强之，鄂曰：“我不赌东道，要赌银。”徐华胜心想：我棋艺高他，何惧之有？连声应曰：“更好。”不知已堕其术矣。结果是越输越急，越急越加码，结果尽数输矣。

---

1. 做东道主请客来打赌。——编者注

清末，上海嘉定县有一位农夫，到上海卖了一些好米，挣了几百元，用口袋装了，负在背上，往家里走。路上忽有一人上前问清他所去之处，说有一封信让他捎给朋友，并说自愿出两元。农夫一盘算，送一封顺路信，可得两元，何乐而不为呢？就爽快地答应了。那人赶快掏出两块大洋给了农人，让农人和他一起回家取信，就这样把农人带到一个高墙大院的赌局之中。结果农人先是小赢，后是大输，把卖米的钱输个精光。

还有的赌坊，是以女色为诱饵来诱人参赌，再辅以其他手段，卑劣异常。许多以家坐庄聚赌的，常以自己的妻妾等女色为诱饵，诱骗一些游人、浪子来家中聚赌。

清末，在风景秀丽的杭州，有一位游方和尚，其实是赌徒中一大魔王。他请了一个妓女招徕赌客来杭州赌博。这个妓女姿色秀丽、巧言善辩，经常到上海、杭州、宁波等地以姿色勾引一些有钱的僧人赌博。在赌博时，游方和尚伺机作弊，以赢巨钱。这些僧人既破了赌戒，又破了色戒。有苦难言，不敢报官。

第五章

古代的造假术
有多发达

火门中的骗子，其骗术就是造假、卖假。在他们之中，不乏大奸大恶之人，无论什么样的贵重之物，他们都能伪造。更令人难以提防的，是他们卖假的骗术。

黄白术：是炼丹还是炼金

东晋葛洪在《抱朴子·内篇》中说："黄者，金也。白者，银也。"本来，黄白术是烧炼金丹的道教方术。尽管道士把黄白视为神丹，但常人则更多地视其为财富象征。宋代储泳在《祛疑说》中说："黄白之术，神仙用以助安贫乐道之士。今志求黄白者，心已贪甚，岂肯授此道以遂其贪哉？"就是说，黄白术原本是道士修炼的方法，结果却成为一些江湖骗子牟利的手段。许多江湖骗子声称能以药草炼成丹药，以铅铜炼成金子。

《太平广记》中写了发生在唐代的一个故事：一个叫刘元迥的江湖骗子，本是一个以黄白术到处骗人的无赖道士。他到比较迷信方士的节度使李师古那里去求官。他先给李师古表演了一个"小魔术"——事先将金屑放在水银之中，然后装作是从水银中炼制出来的。这个小小的骗术就骗得了利令智昏的李师古的信任，问他是否有更好的"法术"。这位江湖骗子信口胡吹，说要加进其他药物，烧制三年，食之可以飞仙；

做成盛放食物的器具，可以避毒；做成手工艺品，可以辟邪。

李师古大为惊奇，这位贪心的节度使立即说："别的以后再说，你先给我炼十斤金子，先做我急用的器具。"

这下刘元迥傻眼了，却又无法脱身。于是他转移话题说："将军兵精粮足，如果凭借鬼神的力量起兵反唐，一定会取得成功。"这正中野心勃勃的李师古的下怀，于是他拿出藏金二十斤让刘造泰山东齐王的神像。刘立即动手，但他熔铸的神像不是金的，而是包金的，里面是铅锡之物，大部分金子都被他换下来为李师古做了许多饮食器皿。李师古欣喜若狂，待他如上宾，刘元迥成了红极一时的人物。

到了明代，这种骗术更加流行，以至于许多文集和世情小说中都有关于这类骗局的记载。

《初刻拍案惊奇》中也讲了一个故事："世上有这一伙炼丹之人，专一设立圈套，神出鬼没，哄那贪夫痴客……只要先将银子为母，后来觑（qù）个空儿，偷了银子便走，叫作'提罐'。"曾有一个道人找到唐伯虎，说："解元仙风道骨，可以做得这件事。"唐伯虎嘲讽他说："我看你身上褴褛，你既有这仙术，何不烧来自己用度，却要作成别人？"道人道："贫道有的是法术……却要寻个有大福气的，承受得起，方好与他作为。贫道自家却没这些福气，所以难做。看见解元正是个大福气的人，来投合伙。"

唐伯虎道："这等与你说过：你的法术施为，我都不管，我只管出一味福气帮你；等丹成了，我与你平分便是。"这个江湖骗子遇到个清醒理智的人，只好灰溜溜地走开了。为了点醒世人，唐伯虎还作了一首打油诗：

破皮衫巾破布裙，逢人惯说会烧银。
自家何不烧些用？担水河头卖与人。

可悲的是，并不是所有的人都像唐伯虎这样明智，许多人依旧为江湖骗子的花言巧语所蛊惑，上当受骗。

清代袁枚在《子不语》之《炼丹道士》中记载，当时有个尚书姓张，被一道士蛊惑做炼丹之事。道士诈称炼成之丹可长生不老，不饥不寒，可南可北，随心所欲。尚书为其所惑，炼三月，费银八十万；后又与之十万。尚书多有疑惑，遣人监视，道士早已携银而去，踪迹全无。张尚书轻信人言，反失巨资。当然，骗张尚书的这类骗子不是“破皮衫巾破皮裙”的下等江湖骗子，而是刻意打扮、大摆场面的高等骗子。他们的圈套也是多种多样的，其中比较常见的还是利用女色。

明代松江府有一富翁，酷信炼金术。一天，他看到一个仆从云集、爱妾貌美的“阔佬”，在旅游胜地游玩。看到人家那样阔气，富翁便上前询问。“阔佬”神秘地说：“吾有九还丹，可以点铅汞为黄金。”富翁大喜，赶快把“阔佬”和美姬请到家中，让他炼金。炼金需要母银，富翁拿了两千两银子，给了“阔佬”。“阔佬”叫人把银子放入炉中，说要九九八十一天开炉。过了二十天左右，忽有人来报丧，说“阔佬”丧母，让他回去奔丧。“阔佬”找个机会早已将两千两银子“提罐”了，然后留下美姬，让她在丹房设计勾引了富翁。到了开炉之日，“阔佬”故作惊怒之状，说丹房一定发生了“交感污秽之事”，使母银变成了糟粕。一问，美姬自然承认，富翁无脸，只好再出钱赔罪。

兑换术：偷梁换柱之计

火门中的江湖骗子，不仅有极高明的造假技术，也有极高明的兑换和卖假技术。所谓“兑换术”，就是在商店等地假装买东西，在挑选时，用预先准备好的假货换走真货。

明代江西一个叫江贤的人，家贫，每年割完早稻之后都会前往福建，以纳鞋为生。到了年关，往往能挣得十几两银子，之后便回家过年。然而有一次回家途中，他捡到一个包裹，里面有二三两银子，这时后面有人说，他看到江贤捡了包裹，见者有份，自己也要得三分之一，让他到一个僻静的地方再拿出来分。江贤不疑有他。然而没走多远，就有一个人哭着跑过来说自己丢了钱，那个要平分的人说是江贤捡到的，让丢钱人拿出一些赎金给江贤，让他把银子还给丢钱人。江贤没有办法，只得答应了。然而等到自己晚上细算钱数的时候才发现，自己只剩下丢钱人给的赎金，自己辛苦挣来的钱不见了，全部被他们调包换走了。

《夜雨秋灯录》中讲了这样一个故事：清代扬州有一个

姓江的盐商，极好女色，尤其喜欢大脚女人；他有一只金元宝，分量极足，常炫示于众人。一天，忽有一个年轻的大脚女人，手携一个盛满面粉的柳筐，从他门前走过，与他搭讪。盐商已心动神迷，渐渐不尊重起来。那女子也不怒，含笑应酬。等盐商又像往常一样向女子炫示他的大元宝时，女子说是假的，盐商极言其真，举宝使女自鉴。女子拿到手上，一个闪失将元宝跌落柳筐的面粉之中。女子急急取出，向盐商连连道歉，又说有急事，匆匆而去。实际上，趁盐商平时炫示之机，骗子们早已仿造与此一模一样的元宝，放在柳条筐内，那女子假意失手把真元宝掉入筐内，而从筐内拿出来的，则是事先准备好的假元宝。

清末的对买贼也做这种勾当。他们先向银楼定做镀金银饰一件，数日后，又到该银楼购买相同的金制饰品，借机用镀金银饰把金饰换下来。由于牌号相同（都是该店的物品）、大小相同，所以很好得手。类似的以假换真术，还有以假钱换真钱等许多方法。

清末有一类骗子，身上带着假洋，三四人纠集在一起，在商店附近转悠。看见有老实巴交的乡下人、婢女或老妪拿银圆来兑换钞票的，就立即凑上前去，对店中人说：“这银圆是铜洋，你岂能不认得。”说着趁势夺过银圆，取出自己的铜洋扔在柜台上。店中人愕然，正想说话，骗子就把自己扔在柜台上的铜洋拿起来还给兑换人，厉声斥责说：“你这种人，也敢用铜洋来骗人，赶快离去，万事皆休，不然把你带到巡捕房去！”他的同党也在一旁齐声附和，兑换人早已被吓得晕头转向，赶忙拿着这伙骗子塞给他的假洋走开了，真洋就这样被人换走了。

还有一类火门骗子，是利用各种手段同人搞好关系，经常借看人的金银首饰，然后按样仿照，再找个机会兑换。这样即使被人发现了，也因为没有证据而无法追究。《上海黑幕》中说，清末有一个妇人，姘识上一青年人，开始每天来往，一月后，这小白脸忽然不见。原来他每晚趁妇人睡熟之后，用重量相等、样式一样的几副铅镯换走了她的金镯，逃之夭夭了。

当然，火门骗子行骗不仅是简单地以假换真，还有许多连环的骗局，令人难以提防。

《夜雨秋灯录》就提到了一个发生在清代的连环诈骗案。当时，一衣着华丽者乘车带仆来到收金银的当铺，拿两只金手镯换钱。掌柜一看，确是真金，各重五两，于是写好钱帖银票，交付来者。忽然又有一乞丐进来，告诉掌柜金镯是假货，掌柜的再细看，才知在交货时已被包金手镯换走了真的。乞丐自告奋勇，说他知道骗子住处，只是掌柜要出钱才肯带他前往。到了地方，乞丐得到钱，遥指其人脱身而去，掌柜的进去一看，那骗子正与一些“显贵”共饮。唤骗子出来，一理论，骗子却说是被他调换的，争论不休；于是与他同饮的几个显贵介入劝解，让那人将钱还给当铺掌柜的。

在众人的劝解下，骗子似乎不得已，以原来当得的钱帖银票赎回那两只假金镯。掌柜欣喜不已，又是作揖，又是再出钱相谢帮忙劝解的众人。可是等他去钱局取钱时，才知道又上当了，换回来的钱帖，也是由好手描摹伪造的；至于钱，早就被取走了。像这样的连环骗局，即使受骗者抓到骗子，审问起来也相当困难，难以破案，这也更能看出火门骗子造假术的高明和骗术的狡诈。

再说一个化装的兑买骗子。

明、清两代在国子监读书或取得进国子监读书资格的人叫监生，具有这个资格的人，就可以和秀才一样应乡试了。明代有一贲监生在南监，期满将归，想换好金数十两，回家送给妻妾。同乡邓监生劝阻他道，这京城换金的人，经常被兑买造假的人以铜换去，何必在这里兑换呢？贲监生则不以为然，说京城才有好金。还说若有人能换走，也佩服他有好手段。他数日内换金十余两，都是好金。于是有一年轻人，以金锭十二两来换。好在邓监生在旁，他门儿清，提醒他说，可以将此金收起，不要过他人之手，然后兑银六十两给他。

于是贲监生先收好这些金锭子，然后把银子拿给对方。这个年轻人没能得逞，只得领银回见父亲。他父亲则立马要他查访此监生回乡日期。两监生至期乘船回家，那老骗子化装为一道士也来搭船。这道士言辞雍容，无论是谈及京中官事还是民事，都信手拈来。两监生还有同船的人都乐与他交谈。两天后将近晚上，那道士故意提及鉴定珠玉宝贝之法，又说到鉴定金子上来，说他更辨得真。这贲监生好夸耀，取出金子给众人观看，全船人都夸羡好金。遍观完了，这时天色渐晚，交还给贲监生。就在将收入箱子的时候，这道士忽然说要看看，接过一看，说道："好真金！"随手就还给了他。

次日，道士与诸人别而登岸去。等到贲监生回到家，才发现金变成了铜。其实，老骗子的儿子在京时未能兑假，他便化装成道士来搭船，终于骗到手了！

这老江湖骗子的兑买之术确实高，但我们想想，假如贲监生深藏不露，则骗子再有诸葛神机，庄周妙智，也不能得其金而兑假吧？所以说，为人应低调，少夸耀。

造假珠宝、假古董是火门"生意"的又一大类。因为珠宝、古董鉴定起来比较困难，再加上骗子们伪造得极为精巧，有时连一些行家里手也有走眼的时候。比如清末，在上海有一当铺的掌柜，年过六旬，干当铺的行当已有四五十年，在同行中被尊称为老前辈。但就是这个一生谨慎的人，竟然也为骗子所骗。一天，当铺来了一个穿长袍、戴礼帽、一副绅士打扮的人，说是要典当珍珠一颗。说完此话，取出珍珠，请求典当。老前辈接过一看，此珠精圆光润，实是千金也难买到的珍品。一谈价，来人要价五百元，老前辈回价三百元，最后来回还价到四百元，来人仍然不肯，故意要回珍珠，假装要走。忽然，他又停下脚步，颇有些神秘地说："请你仔细看看，这颗珍珠的价值实在值千金以上，我是经营珠宝的，你是从事典当的，咱们都是行家里手，应该知道现下的价格。

只因我现在急需五百元现款，只好典当，如果你能将价钱提到四百五十元以上，我将另外的二十颗珠再典当五十元，凑成五百元的数目，那咱们的交易就算成了。”来人又取出一颗小珠，说道，“其他十九颗，现在在我的店中，如果咱们可以成交，我就回去取来。”

老前辈说：“如果其他十九颗珍珠与这颗相同，我就同你做成这笔买卖。”

来人很高兴，急急忙忙携带两颗珠子，回去取十九颗珠子去了。过了好一阵，那人才返回，先取出大珠子给老前辈，问：“这颗珠能不能当五百元？”老前辈回答说：“已经说好了，这颗给四百五十元。”那人又拿回大珠，放在手里仔细端详，做出恋恋不舍的样子。之后，取出小珠一盒，递给老前辈检点。打开一看，其中共有五十颗珍珠，大小不等，光彩也不一。那人说：“你从中取出二十颗，其余的还我。”老前辈于是全神贯注于小珠，仔细挑选。因为小珠优劣参半，不精心挑选不行。那人在旁装出不耐烦的样子，催促他说：“先生还是请先收入大珠，不必和我计较小珠的优劣，一周内我必将回来赎取。”老前辈听了此言，便将大小珠子分成两匣，藏到内室，取出现洋，如数交给那人，并让开票人写好当票，交给那人，那人高高兴兴地告别走了。

老前辈回头拿过珍珠再三审视，发现大珠子竟是伪造的。原来，骗子刚开始来典当的时候，珠子确是真的，但当老前辈集中精力挑选小珠时，骗子偷偷用假珠换掉了真珠。这种骗术，被骗子们美其名曰“金钩钓蟹”。就是放下金钩饵，专等大鱼来。这大鱼除了当铺、金店和古董店外，还有其他各类富翁。骗子一开始用真的货品与店老板做交易，待到老板鉴定完毕，放松戒备，就用假货替代。

卖假术：会演戏的“卖货高手”

所谓“卖假术”，就是将伪造的假货卖出去。在明清的江湖隐语中，就有许多是关于这类行当的。如“挑黄肯”，就是指以自然铜冒充黄金出售，“肯”是假的意思。除了以自然铜冒充黄金外，火门骗子还能炼出各种类似黄金的合金，冒充黄金出售。他们的这些方法，和古代炼丹士的活动有密切的关系。据隋代道士苏元朗所撰的《宝藏论》记载，他们已能合成数十种外观同天然金相似的合金，比如雄黄金、雌黄金、曾黄金、硫黄金、土中金、生铁金、熟铁金、生铜金、沙子金、白锡金、黑铅金、还丹金、水中金、瓜子金、轻麸金、草砂金等。只不过这些人工合成的合金，和黄金更为相似，极难分辨。

借用古代炼丹师的方法，火门骗子还能炼出各种人工合成的银子，并转售出卖，明清江湖上称这类卖假银（又称铅银）的为“挑白肯”的。要是用这类合成金银制成首饰，平常人是很难辨别真假的。

淘沙术

所谓淘沙，就是江湖骗子将准备好的假货，先存放在水塘、河边的沙里，然后当着人们的面弄出，骗人买去。清末在上海，一个老实的乡下人看见一个人站在江边，手里拿着竹箕，里面装有玉石、翡翠、手镯，还有一些沾满泥水的铜钱和鼻烟壶等东西。这人自称在黄浦江的沙滩上淘沙，挖到这些东西。乡下人走上前去观看，他看到一个手镯，外表虽然黑乎乎的，但拿起来用力一擦，竟然很亮，露出了银质。淘沙人说："你想要，三元卖给你。"这时，旁边一个人突然上前拿走手镯，说是要出三元五角买下它。乡下人一听这话，急忙拿出三元大洋交给卖主，从另一人手上要回手镯，走了。后来找人一鉴定，才知道是假的。

类似的骗术还有当众从土中掘出古董之类，让人以为是古人留下的，引人上当。

掷包术

所谓掷包术，就是故意丢掉伪造的首饰、金表、戒指、钞票等贵重物品以行骗。

清末在上海，有一个女人，手上戴着三个金戒指，一看就知道是个殷实人家的妻子。她坐在路边休息，这时有一个人走过来，从腰间掏手绢，"无意中"带出来一个小包，却没有发觉。这个妇女正想去拾，旁边的另外一个人赶上来，捡起小包，放入怀中。突然前面掉包的那个人慌慌张张地跑了回来，询问这位妇女，有没有看到一个小包。此时，捡包的人忙躲在丢包人身后，向妇女暗使眼色、打手势，意为不要告诉他。那妇女心领神会，回答说没有。丢包人说："包内有金镯一对，那是给家妹办的嫁妆，刚刚从金铺买的，如果谁拾到，归还给我，酬谢大洋五十块！"说完，低头寻找而去。捡包人看他走远了，也要离去。妇女唯恐金镯被他独吞，就尾随其后。到了一个僻静的街道，捡包人从怀中取出纸包，打开一看，果然是一对金光闪闪的手镯。捡包人又建议去鉴定一下。

他们来到一家当铺，让人一估价，竟值七十元。捡包人说："这对金镯可卖七十元，我们一人可得三十五元。要是拿到金铺去兑换价格会更高，我们一起去兑了，再平分如何？"这妇女心想：拿去兑了，太可惜了，不如自己留着。于是主动建议给捡包人三十五元，把金镯留给自己。捡包人说："真是太便宜你了，我就做个人情吧。"妇女唯恐捡包人反悔，赶忙取出三十五元交给捡包人，从他手中拿来金镯，疾步走出街口，雇辆人力车，匆忙而去。殊不知丢包人与捡包人是一伙儿的，捡包人拿到当铺让人估价的金镯是真的，后来给那妇女的却是假的。

还有一类掷包术，是醉翁之意不在酒，而是借掷包术，骗走其他物品。

比如，上海一个皮箱店的学徒挑着一担皮箱运往某处，路上有一个人和他闲聊同行。没走几步，此人突然从地上捡到一支金簪，对学徒说，这是一起看到的，按理应该平分。说罢与学徒一起去一个当铺质当。铺里人愿出两元钱点质，此人说既是金的，此价太低，至少值四元，便让学徒去另一家点质，他在这里守候皮箱，学徒跑到十步开外的当铺一问，此金簪原来是不值几文的铜簪，匆忙回来一看，皮箱和那人早已踪影全无。

流星赶月

这种卖假术也是明清之时的江湖秘术之一，极有欺骗性。《江湖丛谈》中记载了以这种骗术行骗的全过程：骗子发现露了财的有钱人后，假作散发传单缉拿罪犯，然后与有钱人搭话，假作顺路，一同赶路。路上按传单中的特征装作突然碰上“盗窃犯”（实际上是同伙）的样子，拿住并声称要告官，那“窃犯”装作讨饶的样子要私了，将身上的钱给了追赶的人。这时，另一同伙装作围观的人要“窃犯”把身上的金银首饰掏出来。

“窃犯”装作可怜的样子说：“没盘费了，要首饰可以给，但是得少给些钱好作盘费。”这时装作围观者的同伙纷纷买他的“金银首饰”。有钱的人看到有便宜可占，就会花上几十元买上一些“金银首饰”。等他回家找人鉴定或到金店去卖时，方知全是假货。这种骗术就叫“流星赶月”。

还有一种和现代社会密切相关的骗术也顺便说一下：清末

民初之时，上海出现用“介绍券”行骗的骗术，影响很大。所谓“介绍券”，其实是一家外国人开的钟表行发行的一种表券，说是不费分文就能得到一块价值四十元的金表。表行中每天都有人向人解释如何得表，他说：“此表券是仿照外国商人优惠顾客的方法而制造的。我已经买了本行的一册公利券，并由此得到一块金表。每册公利券有四十张，每张价格一元。章程规定，无论何人，凡是向本行购买一册公利券的，都可得到金表。现在我已得到金表，自愿将公利册分送给诸位。得到一券者再加三十九元就可得到金表。得到金表后，还可将表券转售他人，这样就可收回原来的四十元投资，除了表外还能盈利一元。”

天底下有这么便宜的事儿吗？众人纷纷掏钱买券，取得金表后兴高采烈地离去。其实，所谓金表也是极为精巧的镀金表，价值不足十元。另外，得表之人为收回买表券的投资，就千方百计地劝说别人购买表券。如此一来，就像滚雪球一样，骗局越滚越大。这里面最关键的招数是金表制作逼真，有诱惑力。还有就是按规定，凡是想得表者，必须先向别人购买一张零星表券，然后再持此券向表行购买整册的表券，这样才有人踊跃购买。

这个骗局妙在确实有人不花分文而得表，但后来的人呢？总会有许多人受骗上当。在现代社会里，还有许多骗子故技重演，采用诸如“还本销售”之类的方法欺骗顾客，还有的干脆直接模仿这种“介绍券”的骗术，推销药品等物，借机骗取钱财。

第六章

江湖中的美人陷阱

以色谋财的“娼妖术”

说到妖门骗术，不能不提及娼妓。娼妓产生很早，春秋时期齐国的管仲就曾设女闾三百。到了西汉，有了营妓、家妓。唐、宋、明是妓业兴盛的朝代。特别是明代，更是妓院林立。明代余怀的《板桥杂记》，曾提及当时南京妓院的情形：旧院人称“曲中”，“前门对武定桥，后门在钞库街，妓家鳞次，比屋而居……定情则目挑心招，绸缪宛转。纨绔少年，绣肠才子，无不魂迷色阵，气尽雌风矣”。

清初的妓院，虽不及明代多，但自乾隆即位以后，又有兴盛之势。清代捧花生所作的《秦淮画舫录》，所写的就是南京秦淮河一带的风月。书中所记皆为秦淮倡优，记载当时风月之盛，也记载了很多这里骗子风行的真实情况。

青楼妓院经常和江湖上的恶势力相互勾结，成为江湖人物、特别是江湖骗子的落脚之处；而且，许多江湖上的骗局，特别是妖门骗术，都与娼门有关。

娼妓在江湖上属于偏门，也有自己供奉的娼妓神，称

“白眉神”；自己也有欺骗众人、诱人上当、骗人钱财之法。青楼又称“销金窟”，关键是能诱人入嫖，又让人不愿离去，将许多钱都靡费在妓女身上，纸醉金迷，花天酒地，最后常常败产倾家。

这些娼妓有哪些手段呢?

一是哭。与嫖客相处一段时间后，如果嫖客离去或是要“跳槽”（到别的妓院或换一个妓女）时，妓女就会哭起来，撒娇撒痴，恋恋不舍。“任他怎样的刚肠，也哭得手酸脚软。”要是没有眼泪，就用生姜汁浸泡汗巾一条，用来擦眼睛，就泪如涌泉了。凭这两行假泪，能令嫖客回心转意。

二是剪。就是剪头发，中国古代有剪发作为情人间珍贵礼物的风俗，这一来含有结发夫妻之义，二来象征订来世之盟。如果实属有情，也无可厚非，但如果只是为了不使客人“跳槽”，施计以诓其钱财，“只是烟花空结发”，便是骗人的勾当了。

三是刺。就是刺文字，娼妓在两臂下、腿股上、脚底板下，用花针刺上“亲夫某人”之类的字样，再用墨涂在上面，使其人一见，以为娼妇对他感情独厚。

四是烧。烧是一种苦肉计。古代在男女情热之时，会相互用香在皮肤上烧疤。娼妓在关键时，也会用苦肉计，其目的总是要讨客人的欢心，赚他的钱钞。所谓“皮毛虽热心里冷”。这苦肉计是极有效的一招骗术，许多嫖客都喜欢吹嘘妓女对他好，所以妓女真的为他烧香疤时，就“破家荡产，卧柳吞花，死也不悔”了。

五是嫁。妓女择人从良，不算什么骗术。但有的妓女言嫁，却是待嫖客银钱用尽时，打发他离开的一种手段。“有钱客人便是心肝，无钱心肝不算客人”，客人银子用完了，娶不起她，自然离去了；即便不去，也以让他筹钱为由，打发嫖客离去了事。

六是走。是指妓女以假走骗嫖客真走之法。当嫖客手头空乏、无有钱财之时，要打发他出门，“只有一走法，可以骗得他动，或约他走到何方，或叫他讨船何处，哄得他确信无疑。到时故意找人来撞破，声称要拿他去送官”。嫖客遇此一吓，自然慌张走了。他只道被人撞破好事，哪知又中了妓女之计。

七是死。是以假死的骗术来挽留要走或者要“跳槽”的嫖客。妓女经常以“生是你门妻，死是你家鬼”，或是“在世不能结同心，死后愿为连理树”之类甜言蜜语搞得嫖客晕晕乎乎，令其流连忘返。

娼妓把这些骗术称为“七字阴符”，认为懂得这些，才能在秦楼楚馆这片“江湖”浊水中谋食骗财。可见娼妓们的曲意逢迎、绵绵情话，只是一种职业习惯和敛钱之术。

此外，娼妓还有许多骗术诱人上钩，如伪装成贵妇人、良家妇女等骗人钱财。清末时期的上海，就有很多暗娼乔装成良家妇女，诱骗本地和外地的一些贪色而又无知的人。她们有的是轻妆淡抹，腰系长裙，流连于茶楼酒肆、舞场戏院之中。如果有男人注视自己，她们就会眉目传情。这样，自然会有一些想入非非的人上前与之攀谈。她们又会半迎半拒，谈吐风骚。等到追随者随之登堂入室以后，就会发现她们的居室布置高雅，仿佛是大家闺阁。这些好色之徒，虽然自投罗网，却还浑然未觉。以后再来时，自然需“重礼”以慰芳心了。

还有的招数更绝，事先花钱买来穷人家刚刚几个月大小的孩子，冒充自己所生，以此迷惑他人。每当她们外出，身后常有一个奶妈抱着小孩跟随。被诱骗上当者，自以为遇上了良家妇女，艳福不浅。等到身染性病、囊空如洗之后，才发觉上当受骗，却悔之晚矣。

娼妓在江湖骗业中有极重的地位，因为许多江湖骗术都离不开女色，而这些女色的角色许多都是由妓女充任的。再者，妓院青楼本身就是一个“销金窟”，妓院的老板，大都手毒心狠，唯利是图。她们不仅让妓女出卖肉体，还设烟局、赌局于其中。无论是盗贼赌徒，还是光棍无赖，各色江湖人物都经常出没其间。有时，它还是一些犯事之人的避风港。《明宪宗实录》中记载，按照明代原有的惯例，嫖宿娼门之客一旦触犯刑律，那么追赃时不得连累娼户。就是说，要是嫖客犯了罪，她们并不受连累。这样，她们就敢于窝赃、销赃和藏匿匪类。

总之，妓院本身就是一个复杂的江湖。妓院和流氓、无赖、骗子总有千丝万缕的联系。许多地方的流氓无赖，不仅勒索妓女，还经常强迫利诱妓女设局摆套，骗人钱财。比如，中国明清时期有明文规定，为官者嫖妓要罢官免职，甚至充军。所以此时一干无赖也会诱官入嫖，然后声言上告朝廷而趁机敲诈。至于利用伪装成良家妇女的妓女，将人引入彀中，再由男性无赖冒充其夫，出面敲诈之事更是常见。

清代宣鼎《夜雨秋灯录》中说，有一富家子姓金，去江南携重金学经商。一日，他从一花街柳巷中走过，忽然一荔枝壳儿飘坠肩头。抬头一看，是一美女，凭栏顾之微笑，金某访而知为娼家，该女名为素娇，富家子为色所迷，于是流连其家，不再理会贸易之事。等他身上钱财都耗尽了，素娇忧之。富家子说，我家是西蜀有名的富室，等我回去取重资。

素娇先是哭，涕泣说："妾已委身侍郎，誓不再做娼门之人，望郎早携钱来赎。"并剪发一缕相赠，信誓旦旦。临别啼哭，金某衣袖尽为素娇泪水湿透。后来金某携资又来江南，为了试一试素娇是否真心，便化装为乞丐来到素娇所在的青楼。不料素娇不仅装作不认识，反而令人将他"持杖逐之"。金某说："我两日无一餐，肠鸣若雷，乞赐一饭，以做饱鬼，瞑目耳。"谁知素娇连这都不应。所以，宣鼎告诫人们"娼家钱树子，认钱不认人，此故态也"。

娼妓本是女人为之，但在特定的条件下，又有男子为娼。这种人，在汉时称"娈童"，在清时称"相公""娼夫"，以这种行当在江湖上谋财行骗的人，就称"男妖"。这些男妖，是以男子之身行女子之事，借机骗财骗色。很多流落江湖的富家浪荡子弟也多以此类方法赚取衣食之资。比如《金瓶梅》

中的陈经济，原是大户人家的女婿，被驱赶出家门后无以谋生，乃以此事结交道士金某，得到了许多好处，掌握了金道士道观中的经济大权。

到了清代，男妖行骗之事更多，因为在清中叶以后，男妖竟然能堂而皇之地营业。当时在上海、北京都有这样的妓院，称“后堂窑”。在这个机构里面生活的人，涂脂抹粉，搔首弄姿，然而他们都是男人，他们彼此之间也以姐妹相称。相公堂子里的相公，大多数也是被拐匪拐骗而来的。清末在上海的相公堂子里有个有名的相公，叫菊妹，就是八九岁时被拐卖到堂子里来的。拐匪本打算把他贩卖到广东，后来被相公堂子的老板看中，出了五十两黄金把他买了下来。在老板的教唆威逼下，菊妹学会了各种各样诱惑客人的手段。他平素往来密切的不是达官贵人就是富商大贾，这些主顾和菊妹都是相好，他们结成一股势力，在上海称霸一时。如果在某地界出了什么事情，只要不是杀人放火之类的重大犯罪，通过菊妹的枕头风一吹，就能够大事化小，小事化无。

清末的北京、上海，男童身价很高。拐匪拐到幼童，多是首先卖给相公堂子。堂子付的钱非常多，他们的收买条件也同样高，有四个基本条件：面目俊俏，口齿清晰，身体健康，秉性温柔。买到符合条件的，又煞费苦心加以驯化，让他们学习诱惑人的手段。这些男童从事的是近乎女色的职业，因此他们首先要学习温柔妩媚。经过训练以及在相公堂子里耳濡目染，养得女气十足，媚气十足。同时，他们还要学习骗术，以榨取更多的钱财。

有些相公的骗术是很高的，几乎可以和其他行当的江湖骗子媲美。最基本的手法，一是花言巧语，就是要善于投其所好，顺情说好话。而且越入耳越能够取得好的效果。二是见机行事。如果来客属刚性之人则以柔济之；如果来人生性懦弱则以强克之；遇上大言不惭之人就顺水推舟；遇到夜郎自大的人就把他捧上天。如果客人是个内行老手，就以惯用的老套路来对付他；如果客人是个中看不中用的愣头青，就用策应（骗子之间相互配合）的办法对付他。

这种种方法都是为了使客人上钩，但在具体情况下，也有其他的骗术相辅助。

男妖中还有一类，是男子化装为女子，到处游走行骗。清代顾公燮在《丹午笔记》中记载，清雍正年间，苏州有一位乔姓美男子，他面貌姣好，能装扮得和女人一模一样。他穿珠点翠，涂脂抹粉，借卖珠、做手工等出入于大家闺阁，诱骗妇女无数。后来事情败露，乔某被控到官府，按察史葛继孔着捕快将其收监杖毙。

另有一类男妖，他们本是男子，却偏要冒充女人，搞出一些丑恶之事。

上面所说的各类男妖，本质上和娼妓没什么区别，所以列于娼妖一类。

除了娼妖之外，妖门还有许多行骗江湖的方法，如“美人局”“放鸽术”就是其中极有代表性的骗术。

美人局

凌濛初的《二刻拍案惊奇》中，有一则故事，叫“赵县君乔送黄柑，吴宣教干偿白镪”，是说一个名叫吴约的明代小官，自韶州（今广东韶关）到东京汴梁。他家财产颇多，因谋升官职，多带金钱。他来到京城，因吏部引见留滞，便住在清河坊客栈，由于他衣服鲜丽，动人眼目，引来骗子光顾。

与客店相对有一小宅院，里面有个妇人，时常娇声媚语，有时还巧啭莺喉，唱一两句，却从不露面，令小官终日挂牵，极欲一见。

一天，骗子们派一个会赌博的人，手携一篮黄澄澄的柑橘，来到他面前，说是扔铜钱赌戏，赢一次得一个柑橘。小官无事，自然愿赌，没想到一直输下去，一个柑橘也没得到。起身回房，正叹恨间，忽有一个童子给他送来一盒柑橘，并说是那个帘内美人看他赌不到柑橘，心中不忍，送给他的。小官自然也要相送礼物。这样，就不露痕迹地将小官诱得与她来往了。

这个女子自称是官家继室，官家不在，请小官来家里做客。等他某日正要成其好事之机，忽听外面人喊马嘶，丫鬟慌忙进来报告说“官人”回来了。妇人大惊失色，让小官床下躲避，“官人”进屋，搜出小官。自然是交钱才免于被送官府。等他明白是中了美人计，为时已晚。

像这种骗术，在宋代叫“美人局”，在明代叫“扎火囤”，在清代叫“仙人跳”。这种骗术都是女子引诱男子到自己住处，诱其与己发生关系，恰在此时，有男子率人蜂拥而入，说那女子是自己的妻子，或诈或抢，“诈他一个小富贵”。

利用这种骗术的，一般是从妓院等地雇一个容貌姣好的女子，假装自己的妻子，合伙行骗。清光绪年间就发生过这样一件事：一批青年学生从日本回到上海，暂时住在上海宝善街的新登丰客栈。他们隔壁是一位学生装束的青年女子（其实是雇来的妓女），模样漂亮，举止大方。交谈中得知，这女子的父亲是福建省某县的现任县令，原籍在江苏省，现在与她的哥哥来上海游玩。过了五六天，该女与其中一姓蔡的学生关系日益密切，私订终身。一声称是其女哥哥的男子突然出现，说是蔡某对其妹图谋不轨，并偷窃了他们的财物。蔡某争辩，并要求那女子做证，不想那女子一口咬定根本不认识他。此时，又有两名彪形大汉走进房间，自称是该地警探，把蔡某绑架到某个茶馆。

蔡某初来上海，人地生疏，此刻只得哀告乞求，答应出钱了结，被敲诈去许多钱财。

清同治年间，有人专门做了打油诗一首，以示这种骗术之危害："黑夜入人家，非奸即是盗。光棍及乌龟，打通做圈套。一星灯火摇黄昏，银铛铁索声在门，吾家并不开烟墩。直入床榻知何因？洋钱到手放出人。劝君何必装斯文，君不见扎火囤。"

也有真的用自己妻妾来布美人局的。明代张肯堂《䜩（xún）辞》中记载，当时河南有一个叫田世禄的无赖，就是"专以妻妾招摇者也"。有一名叫李九德的恶少，见田世禄妻葛氏美貌，"与之昵处有日"，结果所有的钱财被诈一空。清代庾岭劳人的《蜃楼志》中，也记有类似的事。当时在广东有一个无赖叫"洋地黄"，因不务正业，穷极无奈，就纠集几个光棍想用"扎火囤"之术诈骗一个年轻商人。他们将商人灌醉，将他与洋地黄妻子安置在床上，然后几个人冲入"捉奸"。不想洋地黄的妻子看上了这个商人，反将他放走了。这真是赔了夫人又折兵。

《杜骗新书》中也有一个故事，说一个叫毕和的山西人，心术狡诈，阴险狠毒，乡里很多人都为其所害。他有个族内的弟弟叫毕松，有一片田，价值五十余金，与毕和的田毗连。毕和屡次想谋夺不遂，所以就假意与他交好，混得好像是同胞兄弟一样。

他们有个同乡叫林远，性格暴躁，其妻姓罗，貌美好淫。毕和趁她和丈夫反目，与之勾搭成奸。然后他假意遮头露尾，实际上是故意被毕松觑破，诱使毕松偷偷去和罗氏交好。

可是后来，毕和却密报给了林远，让他去捉奸，并对林远说，抓到了就打，毕松一定会叫他来解决，他就调解说让毕松多送你些银两。林远闻言，第二天就托言外出，须三日后方归。

毕松果然和罗氏在房中调耍。林远从密处突出，打入房中。毕松哀求说："愿以银赎免。"于是，一切都按毕和的设计，毕松落此圈套，只好将田低价卖给毕和换钱平事。

这毕和的阴险之处在于他并非明着来，而是令毕松自己进套。为了要他的田地，设计陷害，让他不得不求助于自己。老子《道德经》有言，要"畏四邻"，也就是要警惕周边的人，的确有道理啊！

《初刻拍案惊奇》中也有个故事，说明代有一拐子姓张，他的"美人局"骗术也是利用他妻子。他的骗术是这样的：第一步先让妻子骗行旅之人上门，他却说妻子是他寡居的表妹，要嫁人，然后他给做媒；第二步是与旅人成交，送妻子与人成亲；第三步是让妻子与人共进洞房，却让妻子装作害羞，不肯与人同睡；第四步是第二天，他领着一伙棍徒，说新郎是奸骗良家妇女，连人和箱笼尽皆抢去。那些被骗之人，因怕在旅途上吃官司，只得忍气吞声，不敢反抗。

还有的是假装为贵妇，将人诱至住处，再由身着军装、腰携武器的人出面敲诈。清末在上海，一姓张的公子哥儿在剧院看戏，忽然一方香帕飞入怀中，一看，原来是一名年约二十岁的丽人掷来的。他们彼此注视，两情暗通。美人离座而出，张某也随之而出，乘车来到一座高大洋房前，美人推门而入，又扭头向张某嫣然一笑，张某随之进院，来到美人卧室。

结果这家洋房的主人，即女人的丈夫忽然回来了，站在门口厉声问张某：“你是谁？”张某不敢答，女人掩面在一旁痛哭。

这时从楼下上来几位穿军装的侍从，丈夫命令：“拉出去枪毙。”侍从应声，立即将张某捉下楼去，脱光他的衣服，夺其首饰，只剩短裤一条。

枪将响时，忽听有人报告：“有客人到。”客人也是身着军装，见张某后问清原因，建议将张某放了，主人同意。张某遇到这等事，损失的钻石戒指、金表、钻石项链等不下数千大洋。回家后自然不敢明说，只能谎称路上遇到了强盗。

自明清以来，具有黑社会性质的帮会日多，利用美人局诈人钱财之事，是他们常做的“生意”之一。比如青洪帮中的女帮匪、女拆白党等，都经常多方设局，诓骗钱财。清末，也有许多女子加入青洪帮。她们秘密设“仙人跳”，垂饵诱人。

产生于清末的十姊妹党，也是多以这种骗术生财的黑社会组织。当时在上海南京路一带就经常有十姊妹党的成员身着学生装搜寻猎物。有一个商界的好色之徒，因追看女子，正与十姊妹党的“老二”撞个满怀。这样两人未经任何人介绍，已喁喁私语，并肩漫步在大街上。不知不觉到了一家公馆前，只见“老二”门铃一按，门开了，两人步入馆内，登楼来到女子卧室。女子用钥匙打开抽斗，拿出纸烟请他吸，听到楼下有人喊“二小姐”，于是她应声而出。

忽然，楼下传来杂沓的脚步声，三个彪形大汉闯进房来，为首者大声说：“我们小姐是名门闺秀，你竟敢到她房里来，告诉了我家主人，定会扒尽你的衣服，叫你光着出去。”说着就拿绳子来捆他。可能是此位商人从前经常遇到这种情况，早有思想准备，忽从怀里拿出手枪直逼大汉。三个大汉顿时面有惧色，他趁机逃出门外，才免于被洗劫。

所谓“拆白党”，是清末成立于上海的一个组织，它专以坑蒙拐骗为业。什么叫“拆白”？拆者，即拆梢也（上海方言，指流氓借端诈取财物）。白者，即白吃白拿，不掏一文钱。还有一种说法，拆白即拆败之意，是因致人于身败名裂、家破人亡而得名。所谓女拆白党，从名称上讲虽属一种秘密团体，实际上并没有什么严格的组织，经常是由少数几个人结合在一起的小团体。主干“流氓妇人”等，她们的“丈夫”大都是干“密探”“捕快”等工作。女拆白党的“仙人跳”大都是类似《二刻拍案惊奇》中的“赵县君乔送黄柑”的故事，不过和以前不同的是，女拆白党的美人局中出现了男女角色互换的情况。

据《上海黑幕》记载，清末在上海，某家妇人结交了一个女拆白党徒，交往日密，又通过女拆白党徒认识了她的丈夫。这妇人原本忠实厚道、品行端正，自认识男女骗子后，架不住他们的串通合谋，加上女骗子从中不断蛊惑，久而久之就和男骗子勾搭成奸。但在表面上，女骗子却假装不知。

一天，妇人正与男骗子在一家旅馆幽会，忽然女骗子破门而入，气势汹汹，声言："你竟然勾搭我丈夫，咱俩势不两立。"妇人十分羞愧，苦苦哀求女骗子。自此以后，女骗子一需要什么，就以此事为由进行勒索，没有达不到自己目的的。

当美人变成“鸽子”

鸽子是一种能辨别方向的鸟儿，在人的训练下，它能飞出又飞回。“放鸽术”就是将漂亮的女子卖与人为妻，一段时间后，里应外合，将买妻人的钱财席卷而去。

在清末上海滩，放鸽的手法有：价卖、姘合、正娶三种。而在这三种中，尤其以价卖为最普遍。要价卖，需先派出一大批人到各个码头、各个乡镇，广泛地寻觅那些想讨小老婆或是想要续弦的人，然后上门做媒，谎称什么地方有谁家的女儿如何如何好，又编出成套谎话。这媒人也是久闯江湖的，善于察言观色，摇唇鼓舌。遇到中等人家，她就说女子现今父母双亡，和哥哥在一起生活，家中贫困，无力供养，使人同情；如遇富商巨户，则又抬高“鸽子”的身价，改为是大家闺秀，等等。目标选好以后，媒婆赶回上海，带一符合要求的女人前往该处，与男方见面。待到男方中意后，双方就议定价格，一手拿钱，一手给人。

“鸽子”开始时装得十分贤惠，博得男方家人的喜欢；在夫妇感情上，装得风情万种，使男方如坠云雾，凡事无不言听计从。一旦时机成熟，“鸽子”就寻找一个机会，乘家人不备，携带衣物、金银，逃回上海。

姘合是与人姘居，等到时机成熟再携财物逃走。至于正娶，就是女子被人明媒正娶后，再借机携财逃跑。

《夜雨秋灯录》有一段记载，说一个贵公子带着很多钱来苏州买小老婆，选了十多个人都不满意。这时有一个老妇人过来对他说，他的眼光过高，非她家的瑶仙大姑不能如愿。公子大喜，让带来一看。一见面，此女果然美丽异常，刚想问其卖价，又被那老妇人拦住说：“你不可唐突，而应当把她聘为姨太太。”然后告诉他，要千金聘礼，要用花轿迎娶，缺一个都不成。这位公子无不从命，又立婚书，又雇巨船，花钱无数，然后等彩轿一来，扶入洞房，揭开盖头一看，乃是庙中的木偶。再找那老妇人，早已逃之夭夭；再到那女子之家，门户紧闭，一问邻居，都说此家是偶然租赁此宅嫁女儿，现在女儿嫁完了，不知哪里去了。

骗色谋财：潘金莲们是如何被骗的

虔婆骗术

妖门中人，谋财的方式总是以色骗为主，但以色诈骗也有直接和间接之分。所谓骗色谋财术，是指一些妖门中人（特别是三姑六婆）经常充当不正当男女关系的拉纤人，甚至设下骗局，和无赖男子狼狈为奸，骗奸良家妇女，从中谋财。

这种骗术中，比较有名的就是《水浒传》中的王婆了。《水浒传》中是这么描写王婆的：原来这开茶坊的王婆也不是守本分的，便是积年通殷勤，做媒婆，做卖婆，做牙婆，又会收小的，也会抱腰（接生之意），又善放刁，端的看不出这婆子的本事来。

“王婆贪贿无他技，一味花言巧舌头”，她在茶坊将西门庆、潘金莲扭拢在一起，凑成了一对孽缘。并且为了钱财，撺掇潘金莲害死了武大郎。

明代冯梦龙的《喻世明言》中，也有一个和王婆一样的女人，叫薛婆。她受一个叫陈大郎的无赖的贿赂，要诱惑一个良家女子和他私通。这薛婆借口做伴，和这位女子频繁往来，趁这女子的丈夫不在家，过来和这女子同住，说些轻薄的话，挑逗得独守空房的少妇春心萌动。她又趁机把陈大郎带入少妇房中，等到少妇发现和她睡在一起的不是薛婆，而是一年轻男子时，已是生米煮成熟饭，只好任人摆布了。

王婆、薛婆这类人，在古代又称“牙婆”，这些人虽然经常以媒婆的身份出现，但实质和介绍妇女卖淫的鸨妇没什么两样。在古代，开妓院的鸨母又称“虔婆”，所以像王婆、薛婆这类角色也被人蔑称为“虔婆”，她们经常使用的骗色谋财术就是虔婆骗术。其实在古代中国，虔婆群体的黑幕是非常神秘的。这些人在名义上虽然仅供婚丧嫁娶人家雇用，但其实大多受骗子、无赖所控制，或为之“拉皮条”，或传递消息安排幽会等，其中最可恨的就是“骗财骗色”。也许为她们所骗的人太多太多，古人将她们列为不可与之来往的江湖人物，正如《初刻拍案惊奇》所描绘的：“话说三姑六婆，最是人家不可与她往来出入。盖是此辈功夫又闲，心计又巧，亦且走过千家万户，见识又多，路数又熟，不要说那些不正气的女子，十个着了九个，就是一点儿针缝也没有的，也会千方百计弄出机关……所以宦户人家有正经的，往往大张告示，不许出入。”但是她们又总能通过种种方法找到自己的猎物。

清末，有一种专门引诱良家妇女闭门卖淫的地方叫“台基”（又名“咸肉庄”）。开设台基的，通常是男女二人，女的就是虔婆，她专门引诱妇女下水。这些鸨妇大都是广交游，擅辞令，工吹拍，衣冠楚楚，珍饰满头。不知底细的人，还以为她们是大家眷属。这些鸨妇周旋于中下层妇女之间，她们先是甜言蜜语，阿姐、阿妹地假装亲热，与那些妇女混熟，便经常与其往来，然后逐渐施展手法，拉这些妇女下水。她们通常是先骗过这些妇女的父母或丈夫，使其毫无怀疑，然后竭力笼络被诱的妇女，以黄白（金银等）动其心，风情动其欲。久而久之，这些良家妇女也就被拉下水，成为“台基”的秘密娼妇。

这些人有很多骗人手段。

一种叫“拉马”。所谓“拉马”就是做媒的意思。例如，有某男子想要引诱某女子，但苦无良策，便请虔婆为其引诱那女子，事成之后，虔婆可得到一笔酬金。

当时在上海有位杂货店的老板，姓沈，扬州人。他有个十六岁的女儿阿绣，姿色迷人。有一无赖，对阿绣垂涎已久，又无计可施，就求助于一位姓胡的老太婆。这胡婆是沈家的近邻，开一家台基，专干诱良为娼的勾当。她接受了无赖的一百银圆的酬金，设下奸计。她先密授机宜，让自己的女儿与阿绣结交，等阿绣来其家时，殷勤接待，做衣送物，使阿绣很快信任她。等时机成熟，又将那无赖作为娘家侄子介绍给阿绣，吹嘘他在一家洋行做事，颇受老板赏识，并说：“你们二人若能配成夫妻，那真是天造地设的一桩美满姻缘！”来往日久，胡婆就寻找个时机，将那无赖和阿绣单独关在房里。

其实，这些无赖并无真情实意，只是渔色猎艳，胡婆贪图酬金，就昧着良心诱骗一个涉世未深的少女，不管她会沦落到何种悲惨的地步，实是可恨。

另有一位名叫秀瑛的少女，是当时一个台基中的“卖客”（妓女）。她原是大家闺秀，因情窦初开，涉世未深，曾被一个浪子勾引到台基中偷食禁果，事后约定，只要台主的女儿到秀瑛家里去，就是浪子要她来相会的暗号。此时，一个当铺的少东家在台基鬼混，也看上了秀瑛，拜托台主老太婆为其从中撮合，许诺事成之后重金相报。老太婆见财起意，让女儿对秀瑛说那浪子已另有新欢，又对那浪子说秀瑛已坠入某公子的情网，令二人反目成仇，相互怨恨。然后老太婆设计介绍秀瑛与当铺少东家认识。

一天，台主女儿来秀瑛家相请，秀瑛还以为是浪子回心转意，急忙赶来，一看，却是一位不相识的青年。老太婆先是假作关心，又为二人撮合。之后，秀瑛又被抛弃。经此二番际遇，秀瑛开始自暴自弃，甘于堕落。

第二种叫“借房间”。所谓借房间，就是虔婆将房间借给男女幽会，从中收利。这类房间有的还以正当的行业面貌出现。

清末上海的女拆白党也兼做这种“生意”。如在某个热闹地段的马路旁边开设照相馆，以广招游客。一方面用女拆白党徒充当照相馆的工作人员，以色相招引轻薄好色之人；另一方面，也将房间出租给偷情男女，用以收利。

还有一种手段叫“门庄货”。这是指嫖客出钱，鸨妇便立即把她所熟的各家女子一一叫来，供嫖客选择，确定人选之后，“夜度资”由鸨妇和那女子对半分。

总之，往来台基者，原来多是良家妇女，被鸨妇引诱而至，后来大多自暴自弃，放荡成性。虔婆这类妖人的行为，实在令人切齿。

妖尼骗术

说到妖门骗术，也不能不说一下“妖尼”。女性出家为尼，始于魏晋，盛于唐宋，武则天在成为女皇之前也曾落发为尼。

自唐以来，尼姑的身份就比较自由。古代女子削发为尼，或为道姑，有许多不同的原因：第一种人是真心皈依，这是多数；第二种是为生活所迫，以尼庵、道观作为归宿或一时的栖身之地；第三种是把出家入尼庵、道观作为一种实行“性开放”“性自由”的手段而已。

客观地说，在中国古代，“三姑六婆”素来没有好名声。在《红楼梦》第一百一十二回里就说：“我说那三姑六婆是再要不得的！”尼姑和道姑居“三姑”之首，在许多古代小说中，尼姑庵、女道观常被描绘成淫乱的场所。人们通常认为，尼姑、道姑进入一般人家的闺房，不是送春药，就是拉皮条。

自宋代以来，特别是明清之时，随着佛门风气日坏，一些尼姑也成为行骗江湖的妖尼。她们总是利用其特殊身份来行骗，《初刻拍案惊奇》中说她们“借着佛天为由，庵院为囤，可以引得内眷来烧香，可以引得子弟来游耍，见到男人问讯称呼，接对无妨”。这种较自由的身份，在古代中国的女性中是比较少见的，为少数妖尼行骗提供了方便。

她们行骗，也有多种手段：

首先是化缘术。尼姑为寺庵化缘，自然无可厚非。但确有许多游骗之尼，是借化缘的名义骗敛钱财。这类尼姑，一般都具有以下几种本事：一是“有一张花嘴，数黄道白，指东话西”，善于察言观色，随机应变；二是善于装神弄鬼，能骗能诈。因为“此辈功夫又闲，心计又巧，亦且走过千家万户，见识又多，路数又熟”，所以本事极大。

《金瓶梅》中的薛姑子，就是这类尼姑的艺术典型。她一出场，就是“铺眉蒙眼，拿班做势”，称西门庆大老婆李月娘是“在家菩萨”，其他的内眷也被她奉承个遍。其实她原来就不是个本分人，入了僧门更是借神佛之名行走于大户内眷门中骗取钱财。她“闻得西门庆家里豪富，侍妾多人，思量拐些用度，因此频频往来”。第一次是借印经之名骗取钱财；第二次是借给李月娘看病之机，又让西门庆出钱做诵念三千遍《金刚经》的法事，骗得许多钱财。有的尼姑则是以修尼庵、重塑佛身等名目，诱骗一些信奉佛教的施主捐钱。

还有一类妖尼的行动特点是“性犯罪”。有的是以庵院为据点，暗设私娼，陪人歇宿，得人钱财。《初刻拍案惊奇》中，说当时在婺州有一座观音庵，庵中有一个赵尼姑，法名本空，年方二十，姿容出色。她表面上是出家，其实是陪人歇宿，得人钱财，只是瞒着人做。

在明正德年间，山东巡按许襄毅破获的一桩杀人案，起因也是尼姑奸情之事。当时在陕西有一姓王的盐商，带着一千两银子去山东做生意，歇宿时，勾搭上当地尼姑庵的一个尼姑。这尼姑平日往来的另一个情夫，因争风吃醋将姓王的盐商杀了。

《初刻拍案惊奇》中还有一个故事，是说明洪熙年间，在湖州有一文人姓杨，其女年方十二，貌美如花。杭州翠浮庵的尼姑就千方百计让她家人送她做尼姑，“原来这尼姑日常要做些不公不法之事，全要那几个后生标致徒弟做个牵头，引得人动。她见杨家女儿十分颜色，所以就将计就计，以推命做个入话，唆他把女儿送入空门，收她做了徒弟”。尼姑以杨女命应事佛将其骗入空门，想把她培养为“坏事的牵头”。

有的妖尼是以“拉皮条”为牟利手段。她们把庵院提供给偷情男女私会，从中获利。

《初刻拍案惊奇》中讲了这样一个故事：唐代有个贵妇姓狄，艳美异常。有个姓滕的风流青年对其想入非非，却又无机可乘，只是终日在狄氏府第周围转悠。一日，见从狄氏府中走出一个尼姑来，一打听，是一个尼姑庵的庵主。滕某马上携重金赶到尼姑庵，送给该尼姑，并“每日必来院中走走，愈加殷勤”，等往来渐熟了，将心事说与尼姑。尼姑为他出谋划策，先将他藏在一个人迹不至的静室，又将狄氏诱到静室之中……还有更狠毒的尼姑，以种种理由让妇人入寺烧香，将其诓入内室，在茶、酒、点心中放入迷药，迷翻妇人，让事先埋伏在内室的男子将其奸污。等妇人醒来，有的不敢声张也就罢了，如有异举，妖尼还会以名节、声誉等相威胁。古时礼教甚严，所谓女子饿死事小，失节事大。多是有泪肚里咽，让此类妖尼越加大胆猖狂。

还有一类“妖尼”，是和尚饰男为女，以尼姑的身份出没于大户人家，与贵妇人相处日久，勾搭成奸。遇到贞节女性，或是拿名誉相威胁，或是用迷药迷晕后奸淫，其恶行亦令人发指，更败坏了佛门的清誉。

还有的干脆以寺庵为据点，与其他尼妖一起干些违法之事。明代在苏州有一尼姑庵原有几个尼姑，后来又来了一个姓王的云游尼姑，实际上他就是个饰男为女的“妖尼”。庵里的尼姑和他狼狈为奸，推他为庵主，一起做骗财骗色之事。自他被推为庵主后，庵里日益兴旺，来庵里的女眷也多了起来。后来事发，此人被乱棍打死，与他鬼混的尼姑也被官府责打三十棍，最后被发卖了。

第七章

你所不知道的丐帮

乞丐的成分极端复杂，既有贫困者，也有富裕者，还有隐者、罪犯、骗子等。丐门中的骗子，也有许多骗术，直到今天，依然有许多人用这些骗术行骗。

“丐帮帮主”的故事

中国古代的乞丐，以宋代为界可分为两个阶段。宋代以前，乞丐的成分相对单纯，大多是因贫困而沦为乞丐。他们也大多循规蹈矩，较少越轨。从宋代开始，中国的乞丐阶层开始堕落，很多是好吃懒做者，流氓、骗子、无赖所占的比重越来越大。他们经常成群结队，携刀弄杖。有的强乞硬讨，有的设置骗局，有的干脆明抢，特别是他们也仿照帮会的组织形式，拈香拜把，称兄道弟，成立香堂，也设立头领等职，成为社会上一大不安定的因素。

在古代，封建意识也渗入乞丐们的头脑，那些乞丐头就是一些封建把头。我们研究丐门骗术也要先从乞丐头入手，看一看丐帮的内幕。

乞丐头目一般长期行走江湖，练就了一套江湖功夫。和其他乞丐相比，他们更有组织能力，更懂得使用骗术，更熟悉人情世态、社会风俗，能够最快地让他手下的乞丐介入市井人家的婚丧嫁娶，或大人物的喜庆寿诞。这些乞丐头比一般乞丐更胆大、更心狠手辣。一旦成为乞丐头，他们便只需出谋划策、传授骗术，而无须亲自乞讨了。他们衣食不愁，以种种手段严密控制着这个“奇迹王朝”。

还有的乞丐是破落户子弟，因家庭败落，本人又无任何生产技能，只好混迹于乞丐之群。俗话说，一代兴家，二代守家，三代败家，许多封建家庭都上演过这种悲剧。这些人虽然没有什么真本事，却往往很有些江湖手段。还有，他们昔日生活于社会中上层，耍起无赖来比一般的乞丐更高一筹，一般人是不敢惹他们的，而稍有地位的人就更怕被他们沾上，经常要破财免灾。所以，这类人也经常被乞丐们推为丐头。一般的乞讨他们是不会去的，但有时他们也“御驾亲征”，比如拿几张假单据去讹诈昔日的旧交，说是他父亲以前欠下的债，让旧交拿钱买下才算完事。

清代在四川灌县一带，有一个姓韩的丐王，就是这类人。原来他家是村里的首富，但到他这一代就破产败家了。没有办法，他把花了大笔钱捐来的科班贡生的顶帽、靴、袍披挂起来，手提一根练武用的齐眉棍，来到当地乞丐聚居的王爷殿，做起了当地的“丐帮帮主”。他统领着许多乞丐，向他“封疆”之内的人家索取米粮。你要是交了，他就保证你家的竹林清净，菜地平安；要是不给，那就要小心了。逢年过节，这位丐主还要“御驾亲征”，将旧日的袍褂行头装扮起来，弄一点点心，不管人家欢迎不欢迎，也要到一些大户人家去拜年。主人只好把他迎进屋里，他便连吃带拿，然后又把礼物提上再去第二家……这位丐主，一生都做花子头，贪图这种生活的自在与快活。

这类乞丐头虽然可恶，但也没有伤天害理，而有的乞丐头的行为简直令人发指。他们的恶行和强盗、流氓没有什么区别。他们支使下属，有的甚至直接参与骗拐、残害幼女等罪恶行径。明代的淮阳花子帮就是例子。

明代李乐的《见闻杂记》记载了这样一个史实：在明代，专有一种乞丐船，船员大都是淮阳人，他们的乞丐头骗术很高，在果饼内放入哑药，幼女吃后哑不能言，然后他们将小女孩抱到船上，“浮舟他去，人不得其踪迹”。等小女孩长大以后，如果长得很美，就先行奸污，然后卖掉；如果很丑，就弄瞎她双目，或者断其手指脚趾，让她行乞，简直丧尽天良。

还有的乞丐头虽然不是这般惨无人道，却经常教乞丐行骗，也应列在可恶可恨之列。很多乞丐头都是教乞丐行骗的专家，他们可以用鸡血、姜黄、猪油、豆渣、巴豆、纸张为原料，制造出断脚趾、大面积烧伤或恶疮，这些“伤”“残”“病”乞丐，就借人们的恻隐之心来骗取施舍。

有的乞丐头还和官府沆瀣一气，成为官府的爪牙和帮凶。他们为官府充当密探，甚至充当打手等，为虎作伥，为害一方。这类乞丐头，做违禁之事时官府多装不知，因而更加猖狂，有时竟会发展到无恶不作的地步。而且，这类乞丐头也有相当的经济实力，其来源除了骗、诈、抢之外，还有对本帮乞丐的剥削。

可怜的乞丐与可恶的乞丐

乞丐想要骗人，就必须伪装出各种可怜相。他们伪装的办法有多种：

变相术

变相术又称装相、描容等，也就是健康的乞丐，装成瞎子、哑巴、跛子等形形色色的“伤”“残”“病”之属，借以唤起人们的恻隐之心，给他施舍。

变相术属于软乞术中的一种，又称“哀怜口”，也就是装可怜状以骗取财物的方法。具体方法有：

一是献苦肉。意思是假装手足生疮溃烂而行乞，其原料就是鸡血、姜黄、猪油、豆渣、巴豆、纸张等。值得一提的是，许多乞丐的变相术甚是逼真，连有经验的医生都大为叹服。

二是过峰照子。“照子”在江湖言语中是指眼睛，过峰照子意思是伪装成盲人行乞，这种骗取方式在古代中国也很普遍。

三是装成瘫痪、足不能走者，在地上滚爬行乞，行话叫“地黄牛”；如果伪装成老年瘫痪，则是“老磨苦”。他们在街头过往行人较多处，装出种种可怜相骗乞。

四是装成哑人行乞。这类乞丐有的是口才不佳者，事先编写好一份苦情书，挂在身上，然后假装成哑人咿呀哭叫，叫人观看，求人施舍；有的是长相不善的乞丐伪装成哑人，手里拿着一些菜刀之类的东西出卖。这样的乞丐往人家门口一站，还真有点儿可怕，大家都是掏点儿钱，打发了事。

五是驮石头。石头是指伪装成残疾的女乞丐，男乞丐身背装成残疾的女乞丐，在街头向人行乞。

六是装老术。是指装成有病残的老年乞丐向人们行乞。我国历来有敬老尊长的美德，老人行乞更能激起人们的同情心，这类乞丐装老装病横躺在街旁，面前放着一张纸，写着自己的灾难史和严重的病情，祈求施舍。

“告地状”与“挂皇榜”

“告地状”，是一种“坐地等花开”的坐乞术。他们或在桥头，或在路尾，找一个来往行人较多的地方，在地上写出自己的灾难史和遇到的困境，向人行乞；或者在一张纸或一幅白布上写上乞者的身世、苦情，将其平铺于地向人行乞，这类乞丐也以老弱妇孺和病残者居多，只是所谓的“苦情”，也多是夸大其词，求人哀怜。

“挂皇榜”，是一种流动行乞术，是将写有自己不幸的纸、布等挂在胸前、背上，步行于街头向人行乞，也有的是提在手上，还有的干脆送到人家手上给人看。

“文相夫”与“武相夫”

所谓“文相夫”，是伪装成落难的才子、文人等，向人们行乞。因中国人听惯了文人、才子落难得人帮助以后发迹的故事，所以很易上当。

所谓“武相夫”，是指假称是保镖落魄而行乞。这类骗术是声称自己在异乡落难，无力还乡，如得帮助，日后定当还报，骗得人们的同情。

和此性质一样的是伪装成体面人落难而骗人帮助。不过装成体面人行乞也不容易，它要求乞丐要有相当的风度、修养、气质，否则很容易“走潮”（被人识破）。

“伴王母”与“送子观音”

所谓“伴王母”，是指带老妇行乞的方法。伪称老妇是其母之类，编些二人落难他乡，无法回家或生活无着，博得人们的同情。其实他们根本就不是什么母子、母女关系，这只是一种骗乞的手段而已。

所谓“送子观音”，是指女人带小孩行乞，让小孩在自己的身边哭泣，以博取好心人的同情。其实这小孩未必是她的亲生儿女，她只是把小孩当作行乞的工具。许多小孩是被乞丐拐骗而来的，用恐吓、毒打、虐待的方法迫令其行乞，这是极其残忍的。

然而，直到今日，依旧有许多江湖骗子混迹于乞丐之中。希望大家在慷慨解囊的同时，多一分警惕，以免上当受骗。

不会演戏的乞丐，不是好乞丐

除以上介绍的骗乞术之外，还有一种骗术叫“丧门党”，也值得一提。

丧门党是指假言父母、丈夫死亡，借机向人们索取施舍的乞丐。中国古代有许多传说是讲卖身葬父、卖身葬夫的，这类故事有广泛的群众基础，能令听到的人为之洒一把同情之泪。

“丧门党”的乞丐们恰恰是利用了这一点。

具体方法：

一是装孝子。这是利用“百善孝为先”而骗乞的一种方法。乞丐披着孝服，戴着孝帽，假说父母去世、无钱下葬，哀告于市，或哀告于各家。这类骗术，一般需两人：一人为陈述苦情者；另一人则头戴孝帽，手捧灵牌，只管磕头。陈述苦情者会介绍孝子平时许多所谓的行孝美德，说他一直是个孝子，现在老人亡故，无钱给死者下葬，无钱买棺材、寿衣，只得祈求施舍。这些其实都是虚构，哀告所得，回去之后两人就分成了。

二是打单子。是假言丈夫死了，或是妻子亡故了，没有钱安葬，或是无计谋生等。这类乞丐的行乞方式一般都是哭陈遭遇，向人行乞，所以行话又称这类行乞的方式为“诉冤党”。至于说怎样装哭，怎样诉冤，这就看每个乞丐的“专业”本领了，也还是需要一番训练才能演得更逼真。

此外，乞丐还靠另外一些方法行骗，冒充他人就是他们常用的办法之一。虽然江湖上其他行当也会有冒充的手段，但以乞丐为最多。因为乞丐冒充一旦“走潮”，至多是挨一顿打，没有人愿同乞丐多计较，更没有人愿意和乞丐打官司。

乞丐经常冒认有钱人的亲戚，上门骗乞。有时甚至冒充大户人家的家属来行骗。《夜雨秋灯录》记载了这样一事：有一个在京师为官的人，他的儿子不肖，被他赶出了家门，而后不知去向。此京官有一次前呼后拥去庙里烧香，在许多人围观下突然有一衣衫褴褛的乞丐越众而出，到他面前大声哭诉说：“儿情愿改过，任凭父亲处治，再不敢稍有胡为，万望收留。”京官仔细一端详，根本不是他的儿子，于是大怒，当众斥骂，并送到公堂问罪。

等一审问，这乞丐声言他确是京官的儿子，是被他父亲一时暴怒赶出家门的。一问他身世，说得皆无差错，神色也不像作伪。那位审讯官员想，再亲不过父子，虽说现在京官碍于情面，不认他的儿子，却终究会认的。所以现在帮他一下，日后会有许多好处，于是给他更换衣服，热情招待。又听他说是因为自己没有功名老父才不相认，所以现在打算去应试，但是没有旅资，于是又“赠之百金”。

最后发现，原来这人根本不是京官的儿子，而是一个行骗江湖的乞丐。

乞丐也有被冒认而陷入骗局的。宋代陈世崇在《随隐漫录》中有这样的记载：有一位看起来很富有的人向一个乞丐作揖，并且说道：“自从幼时和尊叔分开，已有二十年了，叔叔怎么在这里呢？”说完把乞丐请回家去，沐浴更衣，当成叔叔来招待、侍奉。

乞丐自己也当真了。有一天，富人带着乞丐，一起去买布，他挑好了一些丝绸，对乞丐说：“叔叔留在此，我回家把买布的钱取来。”

富人把丝绸拿走了。结果店老板左等右等都不见他拿钱来，带着乞丐去富人的住处一看，人早跑了。

南宋时，杭州人口繁多，商业发达，宋理宗任用奸相贾似道，残杀功臣，压榨人民，社会风气自然败坏，类似的诓骗术也是屡见不鲜。

《夜雨秋灯录》中也有一则类似的冒认之事：

有一个在渡口行乞的老乞丐，有些耳聋。一日，渡口前来了一官船，船上有一身着五品顶戴花翎和朝服的官员，看见了老乞丐，让随从把他扶上船，细细地打量一番说：“你不是我的长辈 ×× 吗？你曾过继我为义子，我因为去求功名离开你，现在做了官，不想老义父竟到了这种地步，是儿的罪过！”

老乞丐知道他认错了人，但有这等好事，岂不是喜从天降？也就顺口答应。于是这乞丐被从者带着沐浴更衣，再将船开至僻静之处调养月余。经一番修饰，老乞丐就面貌一新了。

官员说：“我的衣服你穿着不合适，我要到市面上去买些衣物，好一起去上任。但你曾在这里行乞，恐怕城里人有议论，所以到店铺内看货时，如若合你的心意，你只需要摇头就可以了，不可多言。”然后，弄二乘轿，带两个仆人，父子都穿着五品朝服，招摇过市。来到绸缎庄，把货单给店主一看，是一笔大买卖；再一问仆人，说那年轻的是严州府尹，老的是他父亲，因为府尹的妹妹要结婚，来此置办嫁妆。

店主一听，喜出望外，自然分外热情地奉承，殷勤地设宴款待，然后拿出最上等的绸缎给老乞丐验看。老乞丐自然满意，于是按事先约定的连连摇头。那官员于是说：“既然我父亲不中意，还是拿去让我妹妹看看吧。”于是派一个仆人押着货先走。

半天不见回报，于是又派一仆人去催。不一会儿，轿夫回来说，货已押到船上，小姐都满意，让你去检点付钱。

官员对店主说：“你们先陪我父亲稍坐一会儿，我去兑换银两，马上就回。”他乘轿来到船上，又多给轿夫一些钱，让他们去吃饭，实际上是将他们支开。然后这一伙冒充官员的江湖骗子便扬长而去，只留下一个又老又聋的乞丐伴着那个倒霉的店主一直等到深夜，也未见人回。

店主追问这身着五品朝服的老者，结果是一问三不知，把他抓去见官，官府也无可奈何。

乞丐被视为江湖行当中的最末一类，许多乞丐确信自己已沉入社会底层，早就被“置于死地”了，也就没有什么脸面之类的顾虑了。职业性乞丐坑蒙拐骗，无所不为，他们或为谋主，或为帮凶；或一人，或结伙，种种无赖之行，都有可能做得出来。

无论怎样精明的江湖骗术，都像一只纸糊的灯笼，一捅就破。骗子常常以害人开始，以害己告终。正所谓“赚得人亡家破日，还成捞月在空川”。